AF554523

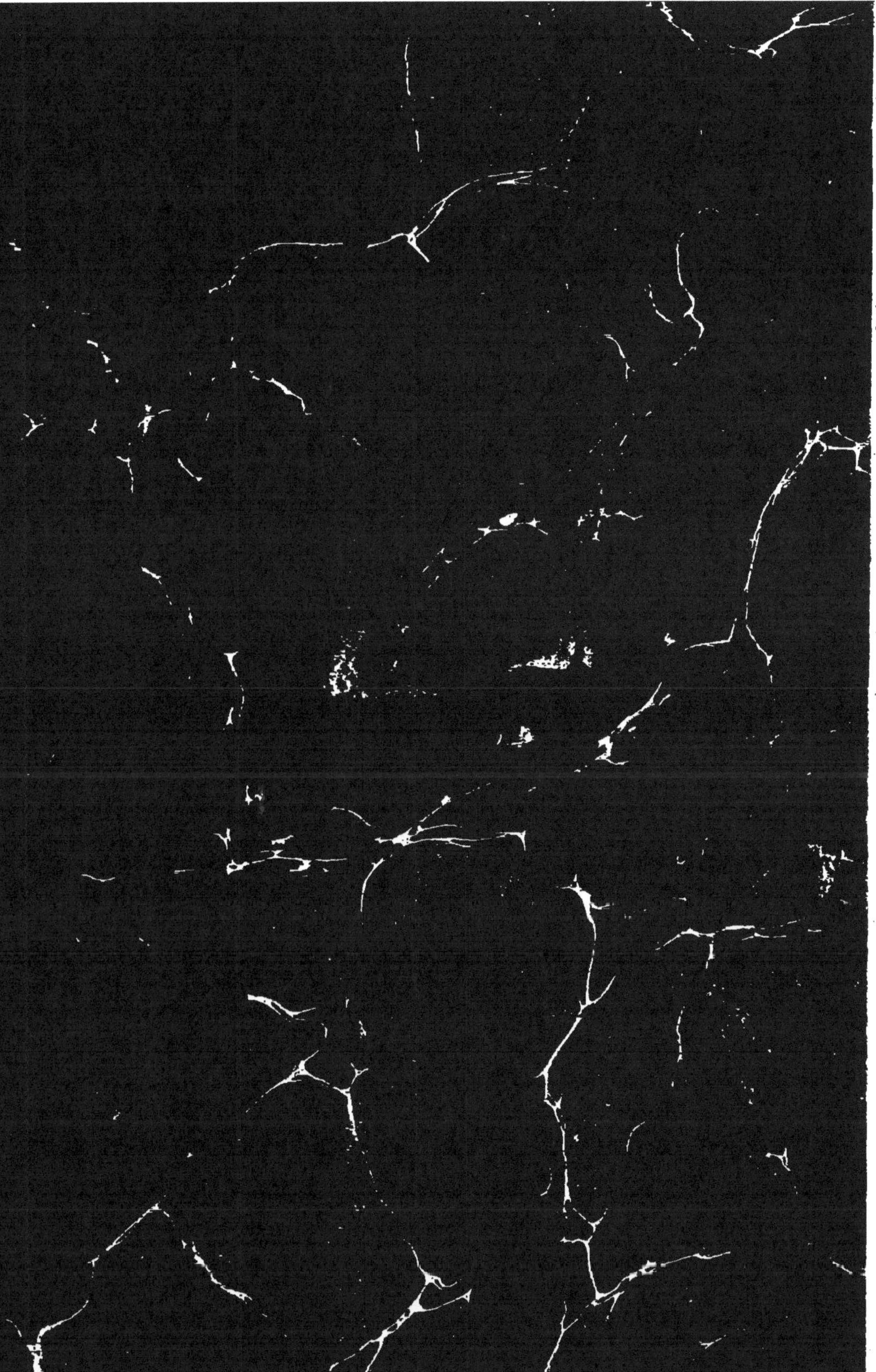

PRINCIPES GÉNÉRAUX

DE

GÉOGRAPHIE.

On trouve à la même Librairie.

ABRÉGÉ DE GÉOGRAPHIE, rédigé sur un nouveau plan, d'après les derniers traités de paix et les découvertes les plus récentes, par **ADRIEN BALBI**. — Ouvrage adopté par l'Université; troisième édition, NOUVEAU TIRAGE, 1844. Un vol. grand in-8 de 1500 pages, avec 24 cartes et planches. Prix : 21 fr.; relié en toile : 23 fr. 50 c.; en veau : 27 fr.

ÉLÉMENS DE GÉOGRAPHIE GÉNÉRALE, ou Description abrégée de la terre, d'après ses divisions politiques coordonnées avec ses grandes divisions naturelles, par **ADRIEN BALBI**. Un vol. in-12 de 600 pages, avec 8 cartes. Prix : 5 fr.; relié en toile, 6 fr.; demi-rel., 7 fr.; relié en veau, 8 fr.

ILLUSTRATIONS GÉOGRAPHIQUES ET TOPOGRAPHIQUES, ou Recueil de 24 cartes et plans gravés pour la Géographie d'**ADRIEN BALBI**. Un vol. gr. in-8 cartonné. 7 fr.

LE GLOBE, *Atlas classique universel de géographie ancienne et moderne*, dressé par M. A.-H. DUFOUR, revu par M. JOMARD, membre de l'Institut, avec tableaux statistiques, d'après **A. BALBI**. Ouvrage *adopté par l'Université*. Un vol. in-4, comp. de 42 cartes gr. sur acier. Prix : 15 fr.
Gr. in-4, pap. vél., rel. à l'angl. 25 fr.
Partie moderne seule, 33 cart. 12 fr.
Partie ancienne seule, 9 cart. 4 fr.

DICTIONNAIRE GÉOGRAPHIQUE ET STATISTIQUE, rédigé sur un plan entièrement nouveau, par **M. ADRIEN GUIBERT**. Un vol. grand in-8 de 1600 pages à 3 colonnes, publié en 12 livraisons à 1 fr. 50 c.

La 6e livraison a paru en janvier 1845.

LEÇONS DE GÉOGRAPHIE ET DE SPHÈRE, par **L'ABBÉ GAULTIER**, 16e édition, revue et corrigée par De Blignières, Demoyencourt, Ducros (de Sixt), et le Clerc aîné, ses élèves. Un fort vol. in-18 cart. avec une planche. 1 fr. 50 c.

ATLAS DE GÉOGRAPHIE de **L'ABBÉ GAULTIER**, contenant 9 cartes gravées sur acier, coloriées. In-fol., cartonné. 7 fr. 50 c.

ÉLÉMENS DE GÉOGRAPHIE, extraits des **LEÇONS DE GÉOGRAPHIE** de **L'ABBÉ GAULTIER**. In-18, cartonné. 75 c.

PETIT ATLAS DE GÉOGRAPHIE, pour servir aux Elémens de Géographie de **L'ABBÉ GAULTIER**, contenant 7 cartes gravées et coloriées avec le plus grand soin. Un volume grand in-8, cart. 2 fr.

GRANDES CARTES MURALES, de 4 mètres carrés, dressées par **M. GUÉRIN**.

	Sur papier.	Sur toile.
FRANCE, d'après A. Balbi.	12 fr.	20 fr.
EUROPE, d°	12 fr.	22 fr.
MONDE connu des anciens.	12 fr.	20 fr.

IMPRIMÉ CHEZ PAUL RENOUARD, RUE GARANCIÈRE, N. 5.

PRINCIPES GÉNÉRAUX

DE

GÉOGRAPHIE

EXTRAITS

DES ÉLÉMENS DE GÉOGRAPHIE GÉNÉRALE,

PAR

ADRIEN BALBI.

PARIS.

JULES RENOUARD ET Cie, LIBRAIRES,

RUE DE TOURNON, N. 6.

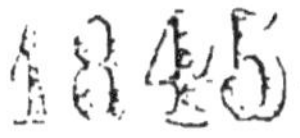

NOTICE BIOGRAPHIQUE

SUR

ADRIEN BALBI.

Le congrès scientifique, ouvert depuis le 14 septembre, à Padoue, y tient rassemblée en ce moment l'élite des savans de la Péninsule. La session n'en sera pas longue : avec le mois, elle doit finir ; mais il aura manqué à cette réunion de la grande famille italienne un de ses enfans le plus honorablement connus. Le géographe Balbi, après une absence de dix années, est de retour en France et à Paris où il vient publier un nouvel ouvrage ; car, il importe de le remarquer, c'est en France et c'est en français que l'Italien Balbi a mis au jour ses œuvres capitales de linguistique, de géographie et de statistique. Pour qui voudrait faire l'histoire de la France littéraire et scientifique depuis vingt ans, il ne serait guère plus permis d'omettre le nom de Balbi, noble vénitien, que celui du grand historien que la France vient de perdre dans Genève : Sismondi, patricien de Pise !

Le chevalier Balbi jouit présentement, sous un glorieux patronage, d'une position assurée. Si sa carrière avait toujours été heureuse et facile, comme aujourd'hui, on n'essaierait pas de retracer, dans cette notice, très incomplète, quelques particularités d'une vie qui, longtemps agitée et incertaine, a toujours été honorable et digne d'être connue.

ADRIEN BALBI, dont le prénom désormais est généralement francisé, est né à Venise, le jour de la fête de saint Marc, patron de cette ancienne république, le 25 avril 1782. Les Balbi de Venise, comme ceux de Gênes, tiennent rang parmi la plus vieille noblesse de l'Italie. Ce n'est pas peu dire à Venise, où plusieurs familles patriciennes, antérieures au *Livre d'or*, font remonter leur filiation historique jusqu'au temps de la destruction de l'empire romain d'Occident, jusqu'aux invasions d'Alaric et d'Attila qui, chassant devant eux les fugitifs de la terre ferme, peuplèrent ainsi les lagunes, dès le ve siècle de l'ère vulgaire. Les Balbi de Venise étaient originaires d'Aquilée et de Ravenne.

Raconterons-nous comment le beau palais Balbi, à Venise, fut bâti pour un amiral victorieux, pour un capitaine d'aventures appartenant à cette famille? On doit citer du moins, à cette occasion, un trait que les annales de la république n'oublient point, le trait de fierté de ce marin, vrai Vénitien du moyen âge, qui, tant que ses architectes travaillèrent à la construction de l'édifice orné de dépouilles conquises, sous le pavillon de Saint-Marc, dans toutes les mers de l'Orient, ne voulut point quitter sa galère que son palais ne fût entièrement achevé, ne trouvant, disait-il, de séjour digne d'un noble vénitien, en ce temps-là, qu'un palais ou la mer! Le même palais, monument de tant d'orgueil national, reçut, en des jours moins heureux, Napoléon visitant Venise, l'empereur Napoléon, qui n'eut pas le temps de faire oublier aux Vénitiens leur fléau, Bonaparte, général en chef sous la république française.

Les Balbi du siècle dernier se trouvaient divisés à Venise, en plusieurs branches, les unes riches, les autres pauvres, toutes revêtus de grands emplois. Rodolphe Balbi était provéditeur (gouverneur) de l'île de Veglia, en Dalmatie ; il y épousa la comtesse Maria Bommartini Petris. Adrien, leur fils, fut placé, dès l'âge de dix ans (1792), au collége des nobles de Venise. Un des priviléges dont l'aristocratie vénitienne se montrait jalouse surtout, était celui de faire donner à ses fils une forte éducation. Les parens d'Adrien le destinaient à la marine : ils l'exhortèrent à l'étude, et Maria Balbi, comme plus tard l'admirable mère (1) de notre Lamartine, répétait souvent à son fils que le moment allait venir où les nobles de tous les pays auraient à demander plus de services, plus de force, plus de renommée à leur plume qu'à leur épée. Quand Adrien Balbi commença ainsi ses études, Châteaubriand s'expatria pour finir les siennes par l'exil.

La révolution de 1797, qui changea la face de Venise, réduisit presque à l'indigence les patriciens expulsés des emplois. Ravi brusquement à sa carrière par les malheurs qui frappaient à la fois et sa patrie et sa famille, le brillant écolier du collége des nobles trouva, comme l'avait prédit sa bonne mère, une ressource dans ses études à peine terminées. D'aspirant marin, il se fit courageusement professeur, comme M. de Las-Cases, à Londres, vers le même temps. Admis, dès l'âge de dix-neuf ans, comme professeur de mathématiques et de géographie au collége de San-Vito del Tagliamento, dans le Frioul, Adrien Balbi fut bientôt rappelé près de Venise, comme professeur de géographie et de langue française au collége de San-Michele de Murano.

(1) Voir la notice sur madame de Lamartine mère, dans le recueil des *Hommes utiles*, par madame A. Jarry de Mancy, née Adèle Lebreton.

Le professorat est encore une sorte de patriciat ; souvent il fut uni au sacerdoce. L'Europe connaît deux pays où le professorat peut élever l'homme de talent et de caractère à toutes les grandes positions que la naissance ne donne pas... En France... Mais l'Italie nous offre l'exemple d'une fortune plus haute encore, et nous croyons devoir insister sur ce fait mémorable.

Dans un verdoyant îlot des lagunes, la maison de San-Michele comprenait à la fois un couvent de l'ordre des Camaldules et le collége joint au monastère, comme ceux que possédèrent chez nous autrefois les savans et pieux Bénédictins. Les plus belles journées de la jeunesse de Balbi, de son aveu, se sont passées dans cette studieuse retraite. Les dignitaires, comme les simples moines, y priaient, étudiaient, professaient, et ne quittaient leurs écoliers que pour retourner dans leurs cellules, étudier encore et prier! Un simple moine était le recteur, faisant les fonctions de nos proviseurs ou principaux. Or, parmi les professeurs, il comptait son propre chef, son supérieur religieux, le seigneur abbé du couvent, lequel se faisait humblement professeur, pour enseigner, il est vrai, les hautes classes des mathématiques supérieures et de la physique ses deux études favorites, après la théologie cependant, où il s'est fait un juste renom. Le recteur, simple moine, c'était ZURLA, qui s'est illustré par ses travaux sur la géographie du moyen âge, qui est devenu un prélat, prince de l'Église, revêtu de la pourpre romaine. Zurla est mort, il y a peu d'années cardinal ! Mais le mathématicien transcendant, l'habile professeur de physique, déjà dans la force de l'âge il y a trente-cinq ans ; le grave théologien au maintien imposant, à la parole austère, ennemi des discours futiles, cherchant la solitude, et cependant si bon, si affectueux pour ses élèves, pour son jeune collègue Balbi, les entretenant avec enthousiasme des hautes abstractions mathématiques, des grands phénomènes de la nature ; ce collègue, dont Balbi renonce, dit-il, à nous retracer l'éloquence, le geste, le regard puissant, la physionomie expressive rehaussée par la blanche robe de camaldule : c'était l'abbé CAPELLARI!... Il survit à Zurla ; il est devenu, comme son ancien moine, un prélat, admiré par son vaste savoir, vénéré pour sa piété sincère, respecté et chéri de tous pour la modération qui ne l'a jamais abandonné, pour son caractère grand et pur! Lui aussi est devenu cardinal; enfin, à l'heure où nous écrivons, il est plus que cardinal... Et quoi donc?... Oui, ce professeur de mathématiques que Napoléon aurait peut-être enlevé à l'Italie pour notre école polytechnique, et qu'il aurait fait membre de l'Institut, si le savant abbé ne s'était pas si humblement caché dans sa cellule, est aujourd'hui notre Saint-Père le pape, GRÉGOIRE XVI!

Au risque de sembler téméraire en essayant même de louer celui qui est tant au-dessus de nos éloges, citons au moins ces travaux utiles, ces charitables institutions, ces innovations caractéristiques où chacun reconnaîtra une pensée et une volonté dès longtemps préparées par les sciences positives aux soins d'un règne bienfaisant. La basilique de Saint-Paul se relève : la postérité y contemplera, non sans étonnement, les dons du dominateur musulman de l'Égypte, admirateur de notre saint pontife et montrant que les hommes de génie, pour le bien de l'humanité, se comprennent dans tous les pays et dans toutes les religions. Le *Musée grégorien* fondé, des hospices ouverts, et le travail, l'industrie encouragés; les merveilles de Tivoli préservées de la destruction par des travaux hardis; les flots du Tibre sillonnés, pour la première fois, par ces pyroscaphes dont nous avons vu flotter dans Paris les pacifiques pavillons, et qui ont traversé nos canaux et nos fleuves pour apparaître aux acclamations des Romains reconnaissans : voilà quelques-uns des actes temporels de cette paternelle royauté, et d'une sagesse si haut placée que nos respectueux hommages et nos vœux ne sauraient l'atteindre.

Arrachons-nous donc, avec peine, comme Balbi, à ces beaux souvenirs de San-Michele de Murano. C'était en ce lieu qu'il avait composé son premier ouvrage en italien : *Prospetto fisico-politico dello stato del globo*, publié à Venise, in-8° (1808), premier exemple d'une géographie par bassins ou par grandes régions hydrographiques. Les fonctions de professeur de physique au lycée de Fermo (royaume d'Italie) offrirent au jeune Vénitien un avancement universitaire dont il ne devait pas jouir longtemps. Il venait d'épouser une Française, d'une famille marseillaise, noble et pauvre comme lui : c'était un premier lien qui devait l'attacher à la France.

Les événemens de 1815 ayant dispersé les professeurs des lycées franco-italiens, Balbi, pourvu d'un petit emploi dans les bureaux de l'administration des domaines, à Venise, trouva le temps de publier dans cette ville, encore en italien, d'autres essais de géographie qui eurent du succès (1817-1818). Dans l'intérêt de ses enfans, quittant l'Italie pour le Portugal, il publie à Lisbonne son premier ouvrage écrit en français : *Tableau politique, statistique de l'Europe*, etc., (1820). Ses relations avec les premiers personnages du Portugal lui permettent alors de recueillir les précieux matériaux de ses *Variétés politico-statistiques sur la monarchie portugaise*, in-8, et de son *Essai statistique sur le royaume de Portugal et d'Algarve*, 2 vol. in-8. Ce fut pour se livrer à la rédaction et à l'impression de ces deux importans ouvrages qu'il se rendit à Paris pour la première fois (1821).

Ici commence un enchaînement d'efforts et de labeurs, de privations et de souffrances, une vie de fatigues, presque de misère, endurée avec cette noble fierté et cette force qui n'appartiennent point aux âmes vulgaires. Supprimons des détails pénibles. Balbi ne reproche rien aux Français. Ses éditeurs ont été loyaux, même généreux ; mais l'auteur avait mal calculé les difficultés, la durée de la tâche qu'il tint à honneur de bien remplir. Elle lui coûta dix années d'un travail sans relâche et produisit les deux ouvrages qui font sa réputation.

L'*Atlas ethnographique* de Balbi (1826) contient : Recherche, comparaison, classification de toutes les langues, mortes ou vivantes, écrites ou non, depuis les temps les plus reculés, dans toutes les nations, grandes ou petites, civilisées ou sauvages, avec ou sans littératures, depuis les peuples les plus célèbres de l'antiquité sacrée ou profane jusqu'aux tribus à peine connues de sauvages cachés dans les déserts de tous les continens, dans les îles de toutes les mers. Cette merveilleuse revue de linguistique universelle comprend plus de huit cents langues, plus de cinq mille dialectes, indiqués, caractérisés, classés. La veille de l'apparition de ce répertoire prodigieux, indispensable à toute bonne bibliothèque, le juge le plus compétent, le savant Malte-Brun voulut être le premier, dans le *Journal des Débats* (1er décembre 1826), à louer publiquement le livre et l'auteur, dont il connaissait la détresse. Dans un article remarquable, il encourageait Balbi, quoique son rival comme géographe ; il l'exhortait éloquemment à ne point désespérer de l'avenir. Ce furent, hélas! ses dernières lignes. Il les traçait quand la mort le frappa. Honneur à la mémoire d'un critique d'une générosité si rare!

L'*Abrégé de Géographie* de Balbi (1832), en 1,500 pages, contenant la matière de dix-huit volumes ordinaires, parut enfin après dix ans de veilles. Il faudrait un article à part pour apprécier cet ouvrage. Qu'il nous suffise, pour le moment, de constater que, comme livre élémentaire de première importance, son autorité est reconnue sur tout le continent. Les Anglais seuls résistent encore. Ils opposent leur Murray à notre Balbi ! Mais nous avons pour nous les grandes nations de terre ferme ; elles sont fidèles au livre français et le traduisent à l'envi l'une de l'autre!

Peu s'en fallut-il que Balbi ne se trouvât plus la force d'attendre la publication de son ouvrage pour quitter ce Paris où il avait tant souffert ; mais à peine eut-il quitté le sol français (1832) que tout lui prospéra, au-delà même de ses espérances! Le succès de son livre fut prompt, et ce succès va toujours croissant. Le gouvernement autrichien accueillit avec honneur son sujet vénitien, que l'on pouvait croire francisé après une absence si longue et tant de bruit en librairie française. Un des traits du caractère du laborieux Balbi, c'est que, par une prudence qui date de son séjour à Murano, et par la spécialité de ses études qui n'admettent ni passions, ni distractions, toujours il s'est tenu soigneusement à l'écart de toute manifestation politique. A qui serait-il donc permis, si ce n'est à un Vénitien, d'être prudent et résigné ? D'ailleurs le désintéressement de Balbi ne peut être égalé que par la vivacité avec laquelle il ressent les bienfaits. Vous ne l'entendrez point prononcer sans émotion les noms du comte de Kolowrath et du prince de Metternich ; son dévouement à son empereur est celui d'un cœur renaissant. Lorsqu'on eut appris à Vienne que Balbi rapportait de France, avec un peu de renommée, une santé ruinée et quelques honorables dettes, on fit créer, expressément pour lui, un titre, ou, si vous voulez, une fonction dont l'apparition au budget d'un État constitutionnel aurait peut-être soulevé des critiques, mais qui fait l'éloge du gouvernement absolu qui a pu l'inventer : *Conseiller* de S. M. I. et R. *pour la Géographie et la Statistique*, le chevalier Balbi conserve toute liberté de consacrer son temps à la science !

L'*Essai sur les bibliothèques de Vienne*, etc. (1835), où l'auteur n'a pas négligé l'occasion de faire l'éloge de nos bibliothèques et des savans de France, de nombreuses et importantes additions aux nouvelles éditions de sa Géographie, enfin les cinq volumes des *Scritti geographici*, etc., recueil publié à Turin (1842), montrent que Balbi ne se fait pas de la munificence de l'empereur une paresseuse sinécure. Les Anglais, malgré leurs préventions, l'ont admis avec honneur dans leurs sociétés royales géographique et asiatique. Balbi a été fait membre de l'Institut lombard.

En France, la *Géographie* de Balbi, approuvée par le conseil royal de l'université, est à sa troisième édition, magnifiquement imprimée par la maison J. Renouard et Cie., dont Balbi fait le plus grand éloge. Il ne dit pas autant de bien des Belges, qui fabriquent de son livre des contrefaçons incorrectes. Les compatriotes de Balbi ne furent pas les derniers à traduire son ouvrage. Turin a vu paraître les deux traductions italiennes avouées par l'auteur ; des contrefaçons se publient à Livourne, à Bologne, à Naples. Une traduction en portugais, imprimée à Paris ; trois traductions en grec moderne, dont deux à Vienne et une à Athènes ; trois traductions en allemand ; une en slave tchèque (Bohême), imprimée à Prague, et une en slave russe, à Moscou, attestent la confiance accordée, dans le Nord comme dans le Midi, au livre utile dont Balbi a doté notre France.

A. Jarry de Mancy.

OUVRAGES DE L'AUTEUR.

Ce n'est pas pour satisfaire aux exigences d'une ambition puérile que nous offrons l'indication des ouvrages que nous avons publiés depuis trente-cinq ans. Par cette liste chronologique, nous croyons servir la science à laquelle nous avons consacré nos longues veilles, et garantir en même temps notre propriété littéraire et celle des nombreux savans qui ont bien voulu nous aider de leur collaboration. On y verra la *date précise de la publication d'un certain ordre de faits.*

Le Prospetto politico-geografico dello stato attuale del Globo est une véritable géographie par bassins, extraite de notre *Atlas hydrographique, statistique et politique du Globe,* encore inédit. Cet ouvrage a précédé de quelques années toutes les autres géographies tracées d'après les grandes régions hydrographiques. En effet, celle de *Hahnzog* a paru à Stuttgart en 1812; celle d'*OEtzel*, à Berlin, en 1817; et, plus tard encore, celles de M. *Hoffmann*, à Breslau, et du *colonel Denaix*, à Paris. Nous ajouterons que l'illustre auteur de l'*Atlas physique, politique et historique de l'Europe* et de l'*Atlas physique, politique et historique de la France* publiés sous les auspices du Ministère de la guerre, n'a pas hésité, il y a quelques années, à proclamer, par l'un des premiers organes de la presse française, la priorité de notre ouvrage, avec cette loyauté qui accompagne le mérite éminent.

Dans le Compendio di Geografia, dans notre Dissertation sur la population du Nouveau-Monde et dans notre Essai sur la population des Deux-Mondes, publiés dans la *Revue Encyclopédique* en 1828, et dans la *Revue des Deux-Mondes* en 1830, nous avons tâché d'évaluer, à l'aide des faits les plus positifs rassemblés jusqu'alors, le nombre approximatif des habitans des cinq parties du monde; c'est encore dans le même Compendio et dans l'Essai statistique sur le royaume de Portugal, que nous avons signalé le développement extraordinaire que prenait la population de l'Europe et de l'Amérique depuis la fin du dix-huitième siècle. Dans l'Atlas ethnographique du Globe, après cinq ans d'étude, et aidé que nous étions des lumières d'un grand nombre de savans de tous les pays, nous avons offert la *première classification générale* de tous les peuples connus anciens et modernes d'après leurs langues, en suivant une *méthode scientifique et raisonnée.* Dans l'Essai statistique sur le royaume de Portugal, dans la Monarchie Française comparée aux principaux États du Monde, et dans les autres tableaux statistiques qui l'ont suivie, nous avons fait les *premiers essais de l'application de la statistique à la morale des peuples.* Enfin, c'est dans la REVUE BRITANNIQUE, en 1831 et 1832, et dans l'ABRÉGÉ DE GÉOGRAPHIE, qu'en coordonnant tout ce qui avait été publié par nos devanciers, nous avons essayé d'indiquer les *principaux foyers de civilisation indigène et étrangère* de l'Afrique, de l'Amérique et de l'Océanie.

Tableau chronologique de la publication des ouvrages.

1808. PROSPETTO POLITICO-GEOGRAFICO dello stato attuale del Globo sopra un nuovo piano. Venise, un volume in-4.

1817. COMPENDIO DI GEOGRAFIA UNIVERSALE, conforme alle ultime politiche transazioni e piu recenti scoperte, corredato di cinque tavole sistematiche delle principali lingue e di altrettante dissertazioni sulla popolazione delle cinque parti del mondo. Venise. un volume in-8.

1817. PROSPETTO FISICO-POLITICO dello stato attuale del Globo. Venise, un tableau in-plano.

1818. ELEMENTI DI GEOGRAFIA ad uso de' giovanetti. Venise, un volume in-12.
C'est l'abrégé du *Compendio.*

1819. COMPENDIO DI GEOGRAFIA UNIVERSALE (seconde édition du), avec beaucoup d'augmentations.

1819. ELEMENTI DI GEOGRAFIA (seconde édition des).
De nombreuses réimpressions de ces deux ouvrages ont été faites en Italie, mais sans la coopération de l'auteur.

1820. TABLEAU POLITICO-STATISTIQUE DE L'EUROPE en 1820. Lisbonne, un tableau in-plano.

1822. VARIÉTÉS POLITICO-STATISTIQUES SUR LA MONARCHIE PORTUGAISE. Paris, un volume in-8.

1822. ESSAI STATISTIQUE SUR LE ROYAUME DE PORTUGAL ET D'ALGARVE, comparé aux autres États de l'Europe, et suivi d'un coup-d'œil sur l'état actuel des sciences, des lettres et des beaux-arts parmi les Portugais des deux hémisphères. Paris, 2 gros volumes in-8.

1826. ATLAS ETHNOGRAPHIQUE DU GLOBE, ou Classification des peuples anciens et modernes d'après leurs langues. Paris, un vol. in-folio et un vol. in-8.
Cet ouvrage est complet. Le *Tableau physique, moral et politique des cinq parties du monde* qui, d'après le premier plan, devait en former la seconde et dernière partie, étant tout à fait étranger au sujet de l'Atlas, l'auteur a préféré rattacher une partie de ce travail à la nouvelle *Balance Politique du Globe*, à laquelle, par son sujet, il appartient naturellement. Voyez à la page XXXV.

1827. ESSAI HISTORIQUE ET STATISTIQUE SUR LE ROYAUME DE PERSE. Paris, un tableau in-plano avec carte de la Perse, par Brué.

1828. BALANCE POLITIQUE DU GLOBE, à l'usage des hommes d'État, des administrateurs, de la jeunesse et des gens du monde. Paris, un tableau in-plano.
Ce tableau a été traduit en anglais à Edimbourg et reproduit presque en entier dans des ouvrages périodiques anglais et anglo-américains; en espagnol à Madrid; en allemand à Stuttgart; en italien à Milan et à Venise.

1828. LA MONARCHIE FRANÇAISE comparée aux principaux États du monde, etc. Paris, un tableau in-plano.

1829. STATISTIQUE COMPARÉE des crimes et de l'instruction en France, publiée avec M. Guerry. Paris, un tableau in-plano.

1829. L'EMPIRE RUSSE comparé aux principaux États du monde. Paris, un tableau in-plano.

1830. THE WORLD compared with the British Empire. Paris, un tabl. in-plano.

1830. LE MONDE comparé avec l'Empire Britannique. Paris, un tabl. in-plano

1831. ESSAI HISTORIQUE, GÉOGRAPHIQUE ET STATISTIQUE SUR LE ROYAUME DES PAYS-BAS. Paris, un tableau in-plano.
La partie historique est rédigée par M. De Laroquette.

1831. ABRÉGÉ DE GÉOGRAPHIE UNIVERSELLE, physique, historique et politique, ancienne et moderne, par Malte-Brun. La mort ayant enlevé cet illustre géographe, cet ouvrage fut exécuté d'après son plan par MM. De Larenaudière pour l'Histoire de la Géographie et la Géographie Ancienne; Balbi pour les Principes Généraux de cette science, Huot pour la Géographie Descriptive. Paris, 2 volumes in-8.

1832. ABRÉGÉ DE GÉOGRAPHIE, première édition (Voir plus loin 1837).

1833. BILANCIA POLITICA DEL GLOBO, ossia Quadro statistico della Terra. Padoue, un volume in-8.

1834. ABRÉGÉ DE GÉOGRAPHIE (second tirage de l'), avec d'importantes rectifications, et avec la table alphabétique de tous les noms propres.

1834. COMPENDIO DI GEOGRAFIA, secondo un nuovo disegno, etc. Première traduction italienne de l'Abrégé, avec des additions. Turin, 2 volumes in-8.

1835. ESSAI STATISTIQUE SUR LES BIBLIOTHÈQUES DE VIENNE, précédé de la Statistique de la Bibliothèque impériale comparée aux plus grands établissemens de ce genre anciens et modernes, et suivi d'un APPENDICE offrant la statistique des Archives de Venise, celle de l'empire d'Autriche, etc. Vienne, un volume grand in-8.

1837—1842. ABRÉGÉ DE GÉOGRAPHIE, rédigé sur un nouveau plan, d'après les derniers traités de paix et les découvertes les plus récentes, etc., etc.; suivi d'une table générale alphabétique, pouvant tenir lieu de Dictionnaire Géographique. Troisième édition, considérablement augmentée par l'auteur, et accompagnée de 24 cartes et plans. Paris, un volume in-8.

De cet ouvrage parurent également trois traductions allemandes, trois en grec moderne, une en portugais, une en russe, une en tcheque: une abrégée en anglais; deux italiennes approuvées par l'auteur, de nombreuses contrefaçons en Italie et en Belgique, etc., etc.

1840. COMPENDIO DI GEOGRAFIA, etc. Deuxième édition italienne de l'Abrégé, d'après la troisième édition française, avec de nombreuses additions de l'auteur pour l'Italie et l'empire d'Autriche. Turin, 2 volumes in-8.

1841. DELLE FORZE MILITARI DELLE PRIMARIE POTENZE. *Première partie :* Aperçu sur les forces de terre et la richesse hippique de la France, de l'Angleterre, de la Russie, de l'Autriche, de la Prusse et de la Confédération Germanique, en 1840. Milan, in-8.

Cet aperçu doit être suivi d'une *seconde partie* offrant les forces navales et la marine marchande des Grandes Puissances.

1841—1842. SCRITTI GEOGRAFICI, STATISTICI E VARIJ, etc. Turin, 5 vol. in-18.

C'est la collection presque complète des articles publiés, depuis 1828, par l'auteur, dans divers journaux de France, d'Allemagne et d'Italie, recueillis et mis en ordre pa Eugène Balbi.

1843. ELÉMENS DE GÉOGRAPHIE GÉNÉRALE. Paris, un volume in-12.

Pour paraître prochainement.

LES PUISSANCES PRÉPONDÉRANTES DU GLOBE; Tableau statistique comparatif des cinq Grandes Puissances Européennes et des États-Unis. — Paris, chez Jules Renouard et Comp.

L'ITALIA NEI SUOI NATURALI CONFINI ; Description géographique et statistique de l'Italie et de ses dépendances géographiques. — Turin, chez Fontana et Pomba.

Qu'il nous soit permis d'insister sur la date de ces travaux et des idées qui y dominent. Elle est de la plus haute importance pour nous et pour nos lecteurs, et elle suffit seule pour déceler les emprunts que quelques auteurs ont cru pouvoir nous faire sans citer la source à laquelle ils les puisaient, ou les présentant comme fruits de leurs propres recherches. L'imposition de noms nouveaux, quelques modifications légères dans l'exposition des faits, quelques ornemens de style, ne suffisent pas pour changer la nature des choses et transformer un *plagiaire* en un *auteur original*.

Quant à cet argument trop souvent répété, que nous-mêmes, dans ce que nous présentons comme original, nous employons des données, ou déjà connues, ou dues à l'obligeance de nos collaborateurs, nous y répondrons une fois pour toutes ; l'originalité d'un travail consiste, non pas à créer tous les élémens qu'on y voit figurer, mais à les *découvrir* dans les recueils, dans les pièces inédites, dans la conversation des hommes spéciaux ; à les *réunir*, tandis qu'ils étaient éparpillés en vingt, en cent endroits différens ; à les *vérifier*, en *éliminant* tout ce qui est ou faux ou douteux ; à les *rendre comparables*, tandis que la plupart du temps ils ne le sont pas ; à les *coordonner* ; à *combler* les *lacunes*, ou du moins à dire quelles lacunes existent et quelle en est l'importance ; en un mot, à *élever* les élémens, jadis épars et suspects, *à l'état scientifique*. C'est là le but que nous nous sommes proposé. Et s'il arrivait qu'on prît ainsi chez nous des faits suspects, des faits épars et sans portée, pour leur donner une valeur scientifique, honneur à celui qui remplirait cette tâche ; ce n'est pas à lui que s'adresseraient nos réclamations.

Mais si nous réclamons contre ce procédé indigne, la justice nous oblige à faire une honorable, une éclatante exception à l'égard de ceux qui ont franchement cité nos travaux. C'est ici que nous nous plaisons à nommer particulièrement MM. *James Laurie* et les savans qui coopérèrent au SYSTEM OF UNIVERSAL GEOGRAPHY ; *Hugh Murray* et ses doctes collaborateurs dans l'ENCYCLOPEDIA OF GEOGRAPHY, deux ouvrages publiés en Angleterre qui se placent au premier rang parmi les productions scientifiques contemporaines ; et MM. *Cannabich*, *Vogel* et *Wimmer*, qui, dans l'ALLGEMEINE ERDBESCHREIBUNG, reproduisirent en Allemagne l'ABRÉGÉ avec de judicieuses et savantes additions, qui leur étaient dictées par le but spécial de leur travail ; M. *Bradford*, qui a fait paraître à Boston l'ABRIDGMENT OF UNIVERSAL GEOGRAPHY, tiré principalement de notre ouvrage ; le compilateur consciencieux de l'importante publication qui paraît à Calcutta, sous le titre de THE BENGAL AND AGRA GUIDE AND GAZETTEER, et qui dans les deux gros volumes de l'année 1841 a reproduit les élémens statistiques de notre BALANCE POLITIQUE DU GLOBE, en suivant scrupuleusement l'ordonnance de sa composition ; enfin, M. *Codazzi*, colonel du génie au service de la république de Venezuela, qui a poussé la délicatesse, dans son RESUMEN DE LA GEOGRAFIA DE LA REPUBLICA DE VENEZUELA, jusqu'à nous citer dans le titre de cet important ouvrage, pour lequel il déclare avoir suivi le plan de l'ABRÉGÉ. Nous nommerons ensuite MM. *de Humboldt*, *M'Culloch*, *Littrow*, *Malchus*, *Hassel*, *Sommerhausen*, *Quételet*, *Villermé*, *Worcester*, *Woodbridge*, *Denaix*, *Lavallée*, *d'Eichthal*, *Rougemont*, *Schnitzler*, *Jarry de Mancy*, *Ferdinand Denis*, *Zuccagni Orlandini*, *Graeberg de Hemso*, *De Lucca*, *Marzola*, *Schmidl*, *Zeune*, *Hoffmann*, etc., etc. La conscience d'avoir contribué aux progrès d'une branche quelconque des connaissances humaines, le suffrage des hommes compétens, un peu de renommée, sont, sans aucun doute, la plus belle récompense d'un auteur. Ceux qui ont consacré leurs veilles à l'étude d'une science, qui ont fait de cette étude leur occupation de tous les jours, comprendront sans peine la valeur de nos paroles.

ADRIEN BALBI.

PRINCIPES GÉNÉRAUX
DE
GÉOGRAPHIE.

La géographie nous enseigne à connaître la Terre que nous habitons et le genre humain dont nous faisons partie. Pour étudier avec fruit les élémens d'une science si nécessaire, il faut avant tout emprunter à l'astronomie quelques vérités qui sont indispensables pour se former une idée claire et exacte des rapports de la Terre avec les corps célestes, et pour faire comprendre ce qui forme le sujet de cette importante partie qu'on appelle géographie mathématique.

Chapitre I.

Du système de l'univers.

Si, pendant une belle nuit, nous portons nos yeux vers l'immensité de l'espace que présente la voûte apparente du firmament, nous y voyons les *étoiles*, dont, au premier coup-d'œil, le nombre paraît très grand, mais qui se réduit à environ deux mille, lorsqu'on veut les compter. Cependant, si nous armons nos yeux d'un télescope, ce nombre augmentera en raison de la force ampliative de cet instrument, de manière que nous parviendrons à en apercevoir plusieurs millions, sans qu'on puisse dire jusqu'à quel degré ce nombre s'accroîtrait, si nous pouvions inventer des instrumens encore meilleurs. Tous ces astres ne sont que des corps lumineux, qui, comme notre soleil, luisent d'une lumière qui leur appartient; l'analogie insinue que ce sont autant de soleils, autour desquels, comme autour du nôtre, se meuvent d'innombrables mondes ou planètes. De cette hypothèse, si probable de l'astronomie, naît la plus haute idée que l'homme puisse concevoir de la toute-puissance du créateur et de la suprême sagesse de l'auteur d'un ouvrage si bien ordonné, si magnifique et si étendu.

Le seul système, que les astronomes soient parvenus à connaître avec certitude, est celui dont notre soleil est le centre, et qu'ils appellent pour cela *système solaire*. Cet astre lumineux compte 11 *planètes*, 18 *satellites* et un nombre indéterminé de *comètes*, qui tournent autour de lui par l'effet de la gravitation, en recevant de cet astre la lumière et la chaleur.

La ligne décrite par chacun de ces corps opaques, c'est-à-dire obscurs par eux-mêmes, soit autour du soleil, soit autour des planètes principales, s'appelle *orbite ;* celle de la Terre est nommée *écliptique*. Les planètes et leurs satellites ont une *figure sphérique,* à l'exception de la *Terre,* de *Mars,* de *Jupiter,* et de *Saturne,* dont la *sphéroïdicité* a été constatée. Ces corps tournent sur leur axe pendant qu'ils effectuent leur révolution autour du soleil, ou autour de leur planète principale.

La *Terre,* que nous habitons, est une de ces planètes. Elle est douée comme les autres de deux mouvemens. Nous devons à celui de *rotation,* qu'elle exécute en 23 heures 56 minutes et 4 secondes, le mouvement apparent du soleil, qui produit l'alternative du *jour* et de la *nuit ;* nous devons à celui de révolution autour du soleil, ou à son *mouvement annuel*, qu'elle opère en 365 jours 5 heures 48 minutes et 45 secondes, le *mouvement apparent annuel* du soleil, qui produit l'alternative des *saisons*.

Le soleil surpasse de beaucoup en masse la totalité de celles des corps qui tournent autour de lui.

Les *planètes* peuvent être divisées en deux classes : les *apparentes* et les *télescopiques*. Les premières sont visibles à la vue simple, et ont été connues dès la plus haute antiquité ; les secondes ne peuvent être vues qu'avec le secours des télescopes, et n'ont été découvertes que depuis peu. Ces dernières sont : *Uranus,* découvert par Herschel en 1781 ; *Cérès*, par Piazzi en 1801 ; *Pallas*, par Olbers en 1802 ; *Junon*, par Harding en 1804 ; et *Vesta,* par Olbers en 1807.

Toutes ces planètes, ainsi que nous l'avons déjà indiqué, sont autant de corps opaques, qui ne sont visibles que parce qu'ils réfléchissent la lumière du soleil ; tous se meuvent autour de cet astre, d'occident en orient, dans des orbites presque circulaires et très peu inclinées à l'écliptique. Il n'y a que les 4 planètes découvertes récemment : *Cérès, Pallas, Junon* et *Vesta* qui s'en écartent de plus de 9°, c'est-à-dire qui dépassent les bornes du zodiaque.

Les orbites des planètes n'étant pas exactement circulaires, mais elliptiques, il en résulte qu'une planète n'est pas toujours à la même distance du soleil. On appelle *distance moyenne* celle qui tient le milieu entre la plus grande et la plus petite.

Dix-huit globes, plus petits que les planètes primaires, circulent autour de 4 de ces dernières, et roulent aussi sur eux-mêmes, mais très lentement. Les astronomes modernes les ont appelés *satellites* ou *planètes secondaires.*

Les anciens ne connaissaient qu'un seul satellite : c'était la *Lune,* qu'ils regardaient à tort comme une planète principale. Les modernes ont découvert les 17 autres. Jupiter en a 4 qui circulent autour de lui ; Saturne en a 7, et Uranus 6. Tous parcourent leur orbite dans un plan très peu incliné sur celui de la planète dont ils suivent les lois, et circulent autour d'elle dans le sens de son mouvement de rotation. Saturne, outre ses 7 lunes, est entouré d'un *anneau* immense ; d'après la découverte faite à Rome en 1838 par les astronomes du collége Romain, cet anneau serait composé de 6 anneaux concentriques.

La troisième classe des corps opaques, qui appartiennent au système solaire, sont les *comètes.* Ces corps, qui ont été dans tous les temps le sujet de la terreur du vulgaire, qui les considérait comme des présages de guerre, de peste ou d'autres grandes calamités, sont les moins connus des corps célestes de notre système. Il paraît qu'ils se meuvent tous autour du soleil dans une courbe particulière, dont cet astre occupe le foyer et que cette courbe est une ellipse très excentrique, qui coupe l'écliptique ou l'orbite de la Terre dans toutes les directions. Elles doivent leurs noms aux *queues* et aux *chevelures* dont souvent elles sont accompagnées, et qui sont quelquefois d'une longueur prodigieuse. Les astronomes modernes sont parvenus à déterminer le temps qu'emploient quelques comètes à faire leur révolution autour du soleil.

Les *constellations* ou *astérismes* sont des figures tout-à-fait arbitraires, qu'on suppose dessinées sur la surface concave apparente du ciel et auxquelles on affecte les *étoiles* qui s'y trouvent comprises, afin de les reconnaître plus facilement : ce sont des animaux, des instrumens, des hommes, etc., auxquels les premiers astronomes consacrèrent certains espaces célestes, mais en général sans leur donner le moindre rapport avec les figures réelles que forment les astres. Aux 48 constellations des anciens, Bayer et Hévélius en ajoutèrent chacun 12 ; Halley, 8 ; Lacaille, 16 ; et d'autres astronomes plus récens, 12 ; en sorte que la sphère apparente du firmament est maintenant composée de 108 constellations. C'est dans les anciennes que se trouvent les étoiles les plus remarquables. On appelle *constellations zodia-*

calés les 12 suivantes, qui forment le zodiaque et dont voici les noms : le *Bélier*, le *Taureau*, les *Gémeaux*, l'*Ecrevisse*, le *Lion*, la *Vierge*, la *Balance*, le *Scorpion*, le *Sagittaire*, le *Capricorne*, le *Verseau* et les *Poissons*.

Le tableau suivant offre les révolutions sidérales, les distances moyennes au soleil et le volume de toutes les planètes et de la Lune, en remarquant toutefois que la distance moyenne de cette dernière est sa distance moyenne de la Terre autour de laquelle elle fait sa révolution.

TABLEAU

Des principaux élémens du Système Solaire.

	Révolutions sidérales en années	jours	heures	minutes	Distance moyenne au Soleil en milles géograph.	— kilomètres	Volume, celui de la Terre pris p. unité
Soleil							1 395 324.40
Mercure		87	23	15	32 066 000	59 381 481	0.04
Vénus		224	16	42'	60 000 000	111 111 111	0.85
La Terre		365	5	49'	82 800 000	153 333 333	1
La Lune		27	7	43'	207 000	383 333	0.018
Mars	1	221	22	19'	126 271 000	233 835 185	0.18
Vesta	3	66	4	0	195 672 000	362 355 555	0.00004
Junon	4	128	0	0	219 067 000	405 679 630	0.005
Cérès	4	220	2	0	229 277 000	424 587 037	0.008
Pallas	4	220	16	0	230 141 000	426 187 037	0.017
Jupiter	11	315	12	30'	432 000 000	800 000 000	1 333.1
Saturne	29	161	4	27'	790 080 000	1 463 111 111	928.5
Uranus	83	29	8	39'	1 588 800 000	2 942 222 222	75.8

Pour mieux fixer les idées sur les dimensions et les distances relatives des corps qui composent notre système solaire, supposons qu'un globe de 2 pieds (65 centimètres) de diamètre représente le *soleil ;* alors

Mercure sera représenté par un *grain de moutarde*, à la distance de 14 toises (27 mètres) du soleil.
Vénus, par un *pois*, à la distance de 23 toises 4 pieds (46 m.).
La Terre, par un *pois*, à la distance de 35 toises 5 pieds (70 m.).
Mars, par une *grosse tête d'épingle*, à une distance de 54 toises 3 pieds (106 m.).
Vesta, Junon, Cérès et Pallas, par des *grains de sable*, à des distances entre 83 et 100 toises (162 et 195 m.).
Jupiter, par une *orange moyenne*, à une distance de 183 toises 2 pieds (357 m.).
Saturne, par une *petite orange*, à la distance 333 toises 2 pieds (650 m.).
Uranus, par une *grosse cerise*, à la distance de 683 toises 2 pieds (1,332 m.).

D'après ces données, si l'on plaçait le *globe* représentant le *Soleil* sur l'Observatoire royal de Paris, la *cerise* qui représente *Uranus* se trouverait à-peu-près au Panthéon, et toutes les autres planètes tomberaient aux distances que nous venons d'indiquer sur une ligne comprise entre ces deux points extrêmes.

Chapitre II.

De la sphère céleste et de ses cercles.

En suivant les astres dans leur mouvement diurne apparent autour de la Terre, on s'aperçoit que quelques-uns ne se couchent jamais et qu'ils décrivent des cercles d'autant plus petits qu'ils sont plus près d'un certain *point*, que l'on conçoit *immobile* et auquel il y en a un *autre* directement opposé! C'est donc autour de ces *deux points fixes*, que l'on nomme les *pôles du monde*, que le ciel paraît tourner. La *ligne*, que l'on imagine conduite de l'un à l'autre, est son *axe*. On appelle *équateur* le grand cercle dont le plan est perpendiculaire à l'axe; et *parallèles* les petits cercles que l'on imagine tracés entre l'équateur et chacun des pôles; leur plan est perpendiculaire à l'axe Les *méridiens* sont de grands cercles perpendiculaires à l'équateur, et qui par conséquent se croisent entre eux aux pôles. On appelle *arctique* le *pôle* qui se trouve du côté de la constellation de l'*Ourse*, et *antarctique* le pôle opposé.

Le sommet de la voûte céleste qui nous enveloppe de toutes parts, et qui est marqué par le prolongement de la *verticale* indiquée par la direction de la chute des corps pesans ou du *fil à plomb*, est un point remarquable qu'on nomme le *zénith*. Cette même verticale, prolongée à travers la Terre, détermine le *nadir*, et le plan tangent au globe par le point où se trouve l'observateur, que traverse la verticale, est l'*horizon sensible* : on nomme *horizon rationnel*, le plan mené par le centre de la Terre parallèlement à l'horizon sensible.

Le diamètre de l'orbite terrestre étant d'une valeur nulle ou insensible, relativement à la distance qui nous sépare des constellations, il en résulte que l'*axe du monde* peut être considéré comme la prolongation de l'*axe terrestre*, et que les cercles, qui sont tracés dans la *sphère céleste*, divisent notre *globe* de la même manière; ils conservent les mêmes dénominations.

L'astronomie, qui nous apprend à déterminer la position des étoiles fixes dans le ciel, nous enseigne aussi, par le moyen des propriétés des figures semblables, à trouver l'emplacement des différens lieux de la Terre, ou, ce qui est la même chose, à fixer *leurs distances à l'équateur* et *à un premier méridien*, c'est-à-dire à calculer leur *latitude* et leur *longitude*. En mesurant ainsi le ciel et les intervalles entre les corps qui y brillent, l'homme parvient à connaître le globe qu'il habite, à dessiner ses différentes parties, et à tracer avec exactitude la ligne qu'il parcourt sur ces mers, qui lui paraissaient incommensurables.

Le côté que les planètes, par l'effet de leur mouvement diurne, présentent le premier au soleil qui les éclaire, est l'*orient* ou le *levant*, et le côté, qu'elles dérobent alors à sa lumière, est l'*occident* ou le *couchant;* et comme toutes les planètes, soumises à la même loi générale, tournent toutes dans le même sens, celui qui se place vis-à-vis le pôle arctique ou boréal a le *nord* ou *septentrion* en face, derrière lui le *midi* ou *sud*, à sa droite l'*orient* ou *est*, à sa gauche l'*occident* ou l'*ouest*. Ces quatre points sont ce qu'on appelle les *quatre points cardinaux*. On nomme *points collatéraux* les quatre points intermédiaires. Leur dénomination est formée de la réunion des deux points cardinaux entre lesquels chaque point collatéral est placé. Ainsi :

Entre le NORD et l'EST, il y a le *Nord-Est*.
Entre le NORD et l'OUEST, il y a le *Nord-Ouest*.
Entre le SUD et l'EST, il y a le *Sud-Est*.
Entre le SUD et l'OUEST, il y a le *Sud-Ouest*.

Ces huit points, les quatre *points cardinaux* et les quatre *points collatéraux*, sont employés par les géographes pour indiquer la position respective des pays, comme nous le verrons en déterminant les limites des États dans la Géographie descriptive.

Lorsque les astres, qui nous servent à déterminer ces points du ciel, sont voilés par la nuit ou par les nuages, ou qu'une cause quelconque nous empêche de les apercevoir, la direction de l'*aiguille aimantée*, avec laquelle on construit la *boussole*, nous fait retrouver celle du pôle nord, et nous aide à connaître les *quatre points cardinaux* et les *quatre collatéraux* que nous venons de définir, ainsi que les points intermédiaires qui divisent la *rose des vents* en *trente-deux aires* ou *rumbs* égaux ; elle sert aux navigateurs à déterminer la position de leur navire dans la haute mer.

Chapitre III.

De la sphère armillaire, du globe terrestre artificiel et de leurs cercles.

Pour mieux représenter la Terre et pour expliquer les phénomènes célestes, les géographes et les astronomes ont inventé deux machines nommées la *sphère armillaire* et le *globe terrestre*, auxquels ils ont appliqué les cercles de la sphère céleste.

L'*axe du globe* est une verge de fer qui le traverse et sur laquelle il tourne. Ses deux extrémités sont les pôles du globe et correspondent à ceux de la sphère céleste.

Le globe offre 10 cercles ; 6 *grands*, dont le plan passe par son centre et qui partagent le globe en deux hémisphères égaux ; et 4 *petits*, dont le plan, ne passant pas par son centre, en coupe l'axe et divise le globe en deux parties inégales. Tous ces cercles, grands et petits, sont partagés en 360 degrés, chaque degré en 60 minutes, et chaque minute en 60 secondes. On désigne les *degrés* par ° placé à la droite et un peu au-dessus du chiffre qui en exprime le nombre; les *minutes* par ′, et les *secondes* par ″. Cette remarque doit s'étendre à tous les passages de ces Élémens où il sera question de degrés et de leurs subdivisions.

Voici les six grands cercles :

L'*équateur*, dont le plan est perpendiculaire à l'axe et le partage en deux parties égales; on le nomme aussi *ligne équinoxiale* sur les globes terrestres et sur les mappemondes, parce qu'il passe par tous les pays, dont la durée du jour égale celle de la nuit. Sur les globes terrestres l'équateur est représenté par un cercle beaucoup plus gros que tous les autres.

L'*horizon*, dont le plan est perpendiculaire à la verticale, et divise le globe en deux hémisphères, l'un *supérieur*, l'autre *inférieur*. Ce cercle sert à expliquer le *lever* et le *coucher des astres*, parce que, lorsqu'ils commencent à monter sur l'horizon, du côté de l'orient, nous disons qu'ils *se lèvent*, et lorsqu'ils descendent au-dessous de ce cercle, nous disons qu'ils *se couchent*. Les pôles de l'horizon sont le *zénith* et le *nadir*. Le plan circulaire, qui représente l'horizon sur le globe terrestre, est partagé en plusieurs cercles concentriques. Un de ces cercles offre les 12 constellations du *zodiaque*, subdivisées en 30 degrés chacune; un autre indique leurs noms et les jours du mois auxquel ils correspondent; un troisième représente les 32 *rumbs* de la *boussole*. Nous avons déjà vu quels sont les *quatre points cardinaux*. Nous ajouterons seulement que les dénominations de *levant* et de *couchant* indiquent, que le premier de ces points est le côté où les astres semblent commencer leur marche diurne, ou en d'autres termes *se lever*, et que l'autre est situé du côté où ils semblent se cacher au-dessous, ou *se coucher*.

Le *méridien* coupe l'équateur à angles droits et partage le globe en deux *hémisphères*, dits *oriental* et *occidental*. Quand le soleil arrive au plan de ce cercle il a parcouru la moitié de sa marche diurne apparente. On trace ordinairement sur les globes 24 méridiens, c'est-à-dire un pour chaque intervalle de 15° comptés sur l'équateur.

Le *zodiaque*, dans la sphère armillaire, est une large bande circulaire qui coupe obliquement l'équateur et sur laquelle on a représenté les 12 constellations dont nous avons parlé à l'article de l'horizon. On les appelle aussi les 12 *signes du zodiaque*. Dans le milieu de ce cercle est tracée l'*écliptique*, destinée à représenter le cercle parcouru par le soleil dans son mouvement apparent annuel, mais qui offre la marche annuelle réelle de la Terre dans son orbite, où elle parcourt environ un degré par jour Dans les globes terrestres le *zodiaque* avec l'*écliptique* se trouve tracé, comme nous l'avons déjà dit, sur la large bande circulaire qui représente l'horizon.

Les *colures* sont deux grands cercles qui se rencontrent et se coupent à angles droits aux pôles du globe ou à ceux de la sphère armillaire. L'un est appelé *colure des équinoxes*, l'autre *colure des solstices*, parce qu'ils coupent l'écliptique au point, où se font les *équinoxes* et les *solstices*. Dans les globes terrestres ces deux cercles sont représentés par deux méridiens.

Les *tropiques* sont deux petits cercles parallèles à l'équateur et qui en sont éloignés de 23° 27′ 57″. On les appelle tropiques d'un mot grec qui signifie *tourner*, parce que, quand le soleil dans son mouvement apparent annuel y est arrivé, cet astre semble rétrograder. L'un se nomme le *tropique du Cancer*, et l'autre le *tropique du Capricorne*, parce qu'ils passent par ces deux constellations du zodiaque. Le tropique du Cancer est dans l'hémisphère boréal ; l'autre est dans l'austral. Ces deux cercles ont été ajoutés à la sphère armillaire pour rendre sensibles les deux points de l'écliptique où se font les *solstices*. Dans les globes terrestres, les tropiques sont représentés par deux cercles plus gros que ceux destinés à représenter les degrés de latitude.

Les deux *cercles polaires*, savoir l'*arctique* et l'*antarctique*, sont deux petits cercles parallèles aux tropiques et à l'équateur, éloignés des pôles de la sphère ou du globe terrestre de 23° 27′ 57″. Le premier est dans l'hémisphère boréal, le second dans l'austral. Nous verrons ailleurs l'usage de ces deux cercles, qui sur les globes terrestres sont représentés par deux cercles plus gros, que ceux destinés à représenter les degrés de latitude.

Chapitre IV.

De la figure de la Terre, de ses dimensions et des longitudes et latitudes géographiques,

L'astronomie nous apprend que la Terre est un *sphéroïde* aplati aux pôles et renflé à l'équateur.

Les aspérités qui se trouvent à la surface de la Terre n'altèrent point sensiblement sa figure, comme on pourrait le croire en songeant aux chaînes de montagnes dont elle est hérissée ; car les plus hautes montagnes connues n'atteignent pas la hauteur de 4 500 toises (8,771 mètres). La hauteur du Dhawalageri dans l'Himalaya, qui est la plus haute montagne du monde qu'on ait mesurée, est $\frac{1}{4680}$ de la plus grande circonférence de la Terre et $\frac{1}{1490}$ de son grand axe.

Une fois que les astronomes eurent connu la véritable figure de la

Terre, ils en déterminèrent les dimensions principales et en calculèrent la surface. Nous emprunterons à l'astronomie celles qui sont les plus importantes pour la géographie, c'est-à-dire la *circonférence* et la *superficie*. Celle-ci est de 16 502 400 lieues marines carrées ou de 20 au degré qui correspondent à 148 521 600 milles carrés géographiques de 60 au degré et à 275 040 000 kilomètres. La *circonférence* sous l'équateur est de 7 200 lieues marines ou de 21 600 milles géographiques, correspondant à 40 000 kilomètres.

Pour faire la description de la Terre, qui est le but de la géographie, il fallait commencer par se reconnaître sur sa surface, en y déterminant la position des points les plus importans et en y rapportant ensuite tous les autres. Les astronomes et les géographes sont parvenus à ce résultat au moyen de la *longitude* et de la *latitude*. Celle-ci est la distance d'un point quelconque à l'équateur ; elle est donc ou *boréale*, si le point dont il est question est dans l'hémisphère boréal ; ou *australe*, s'il est placé dans l'hémisphère austral. La *longitude* est la distance d'un point quelconque à un *premier méridien* convenu.

Pour déterminer avec précision la longitude et la latitude, on a d'abord divisé la surface du globe en 180 bandes ou *zones* parallèles à l'équateur, 90 au nord et 90 au sud de ce cercle ; on a nommé ces bandes *degrés de latitude*, et on les a marquées par des cercles appelés *parallèles principaux*. Chaque degré a été divisé en 60 bandes appelées *minutes*, et chaque minute en 60 bandes appelées *secondes*. Ces nouvelles divisions ont été marquées par des parallèles secondaires. Ensuite on a divisé cette surface en 360 parties par autant de *méridiens principaux*. On leur a donné le nom de *degrés de longitude*, et on les a subdivisés comme les degrés de latitude. Par ce procédé toute la surface du globe s'est trouvée couverte de parallèles et de méridiens, de manière qu'on a pu rapporter chacun de ses points à l'intersection de deux de ces lignes ou cercles. Pour avoir la position d'un point quelconque du globe, il n'a plus été nécessaire que de trouver à quelle intersection il correspond, ou, en d'autres termes, de *déterminer sa longitude* et *sa latitude*.

Chaque degré de latitude est à-peu-près de 20 lieues marines ou de 60 milles géographiques, correspondant à 111 $\frac{1}{9}$ kilomètres.

Les degrés de longitude, étant terminés en pointes aux pôles, n'ont 20 lieues marines ou 60 milles géographiques que sous l'équateur. Ils diminuent ensuite insensiblement jusqu'aux pôles où ils n'ont aucune largeur.

La plus grande latitude étant aux pôles, elle ne peut jamais dépasser 90°.

Il y a deux manières de compter les longitudes : 1° D'après la méthode des anciens géographes, encore en usage parmi ceux d'Allemagne et d'autres contrées : elle consiste à les compter en partant du *premier méridien* convenu, qui est ordinairement le méridien de l'île de Fer, et en faisant le tour entier du globe par l'orient : en comptant de cette manière la longitude peut aller jusqu'à 360°; 2° D'après la méthode des navigateurs, qui est aussi en usage parmi les géographes de France, d'Angleterre et d'autres contrées, les longitudes, étant comptées d'après cette méthode des deux côtés du premier méridien convenu, dans les directions opposées vers l'orient et vers l'occident, depuis 0° jusqu'à la moitié de la circonférence, ne peuvent jamais avoir plus de 180°.

La plupart des nations de l'Europe se sont accordées à prendre pour *premier méridien* celui qui passe par leur observatoire principal : ainsi les Français prennent celui de l'observatoire de Paris, les Anglais celui de Greenwich, les Espagnols celui de Cadix, les Anglo-Américains celui de Washington, etc., etc.

Ici nous ferons observer que la Terre étant ronde, ne peut avoir ni longueur ni largeur; que par conséquent les dénominations de *longitude* et *latitude* sont impropres pour nous, bien qu'elles ne le fussent pas pour les anciens géographes, qui nous les ont léguées; car les parties de la Terre qu'ils connaissaient s'étendaient beaucoup plus dans la direction de l'Est à l'Ouest que dans celle du Nord au Sud.

Nous ajouterons aussi que les deux mesures de *longitude* et de *latitude* ne donnent que la position des lieux sur la surface de la Terre, dans la supposition qu'elle soit plate. Pour avoir leur véritable position, il faut connaître un troisième élément; c'est leur *dimension verticale*, ou la *mesure* de leur *hauteur au-dessus du niveau de la mer :* cet élément est de la plus haute importance, car il contribue puissamment à la détermination du climat physique des lieux, que nous verrons être par fois tout-à-fait différent du climat astronomique.

Chapitre V.

Des cartes géographiques et des principales mesures.

Nous avons vu comment par la détermination des degrés de longitude et de latitude les géographes sont parvenus à rapporter sur le globe terrestre artificiel les différens points de la planète que nous habitons. Mais les grands globes sont des instrumens dispendieux et incommodes; les petits ne présentent pas de détails suffisans. Il a donc fallu avoir recours à des tableaux qui, sur une surface plane, donnassent une représentation du globe et de ses parties.

Les cartes géographiques représentent ou la Terre entière, ou une partie du monde, ou une seule contrée : dans le premier cas on les appelle *mappemondes*, et, lorsqu'elles ont la forme circulaire, *planisphères ;* celles de la seconde classe sont nommées *cartes générales*, les autres sont des *cartes spéciales*.

On nomme *cartes géographiques* celles qui représentent les terres et les mers, ou une portion de terre quelconque ; on appelle *cartes hydrographiques* ou *nautiques* celles qui, omettant les détails de l'intérieur des terres, donnent, avec un soin minutieux, les côtes des continens et des îles, les moindres écueils des mers, les *sondes* ou les profondeurs de l'eau, les fleuves, avec toutes leurs diverses branches et toutes les circonstances de leurs cours, afin de guider les navigateurs.

Parmi les cartes spéciales, il y en a qui offrent en grand une province avec tous ses endroits remarquables : ce sont des *cartes chorographiques*. Si l'auteur est entré dans tous les détails de la nature du terrain, ou s'il a même retracé les habitations isolées, et représenté minutieusement les chemins et les rivières, ce sont des *cartes topographiques*.

Un *atlas*, généralement parlant, est la réunion de plusieurs cartes, dont chacune à part forme un tout, et qui ne peuvent pas s'assembler.

Chaque carte, quelle qu'en soit la dimension, est dans un rapport quelconque avec la grandeur réelle du globe. Ce rapport est indiqué par ce qu'on appelle une *échelle*. C'est une ligne graduée, dont la longueur et les divisions montrent à quel espace, pris sur la carte, répond une quantité quelconque de lieues, de kilomètres ou de milles : c'est ce qui met en état d'évaluer les distances des lieux. Supposons, par exemple, une carte sur l'échelle de laquelle un myriamètre ait un centimètre de longueur ; les distances prises sur cette carte seront aux distances réelles des pays qu'elle représente dans le rapport d'un centimètre à un myriamètre, c'est-à-dire que la distance entre deux lieux quelconques, mesurée sur la carte, sera un million de fois plus petite que la distance réelle existante entre les deux lieux placés à la surface du globe. Quand on veut mesurer des distances sur la carte, il faut remarquer le très petit cercle qui est ou adjacent ou inscrit dans chacun de ces signes, parce que c'est le point central de ce cercle qui fixe la position géographique du lieu.

On nomme *mesures itinéraires* celles qui servent à évaluer les distances ; elles varient de pays à pays. Le tableau suivant offre les mesures itinéraires les plus fréquemment employées par les géographes, les marins et les voyageurs. Nous rappellerons que le *mille géogra-*

phique ou *cosmopolite* est, avec le kilomètre, le seul qu'on ait employé dans ces Élémens.

TABLEAU
Des principales mesures itinéraires.

NOMS des mesures et des pays où elles sont en usage.	NOMBRE des mesures contenues dans un degré à l'équateur.	LONGUEUR de chaque mesure en toises de France.	en mètres.
MILLE GÉOGRAPHIQUE ou COSMOPOLITE. . .	60	950 $\frac{2}{10}$	1 852
FRANCE.			
Myriamètre ou *grande lieue nouvelle* . .	11 $\frac{1}{9}$	5,130 $\frac{7}{10}$	10 000
Kilomètre ou *petite lieue nouvelle* . . .	111 $\frac{42}{360}$	513	1 000
Lieue marine	20	2,850 $\frac{6}{10}$	5 555
Lieue commune ou *géographique*. . . .	25	2,280 $\frac{5}{10}$	4 444
Petite lieue ou *lieue de poste*	28 $\frac{506}{1000}$	2,000	3 898
ALLEMAGNE.			
Mille géographique (Meile).	15	3,800 6	7 407
Mille du Rhin (de 20,000 pieds du Rhin) .	17 $\frac{700}{1000}$	3,220	6 277
EMPIRE D'AUTRICHE.			
Mille autrichien (Meile).	14 $\frac{233}{360}$	3,892 $\frac{4}{10}$	7 586
MONARCHIE PRUSSIENNE.			
Mille de Prusse (de 2,000 Ruthen) . . .	14 $\frac{752}{1000}$	3,864 $\frac{7}{10}$	7 532
MONARCHIE ANGLAISE et CONFÉDÉRATION ANGLO-AMÉRICAINE.			
Mille légal (Statute-Mile).	69 $\frac{1}{3}$	822 $\frac{8}{10}$	1 603
Mille ordinaire.	73	780 $\frac{9}{10}$	1 522
MONARCHIE ESPAGNOLE et RÉPUBLIQUES de la ci-devant AMÉRIQUE-ESPAGNOLE.			
Lieue légale (Legua)	26 $\frac{2}{9}$	2,137 $\frac{9}{10}$	4 167
MONARCHIE PORTUGAISE et EMPIRE DU BRÉSIL.			
Lieue Portugaise (Legua)	18	3,167 $\frac{3}{10}$	6 176
ITALIE.			
Mille géographique	60	950 $\frac{2}{10}$	1 852
Mille Romain et d'autres parties de l'Italie,	75 $\frac{5}{10}$	755 $\frac{1}{10}$	1 472
EMPIRE RUSSE.			
Verst légal (depuis 1826)	104 $\frac{16}{100}$	547 $\frac{3}{10}$	1 067

Chapitre VI.

Des zones, des climats astronomiques et des climats physiques.

Nous avons vu que, parmi les parallèles à l'équateur, il en est quatre qu'on distingue par les noms de *tropique du Cancer, tropique du Capricorne, cercle polaire arctique* et *cercle polaire antarctique*. Ces cercles forment sur le globe une division très importante; ils partagent sa surface en cinq bandes ou *zones*, qui tirent leurs noms de leur climat général. Les deux bandes, qui sont renfermées par les cercles polaires, étant privées de la chaleur du soleil pendant une grande partie de l'année, puisqu'elles n'en reçoivent jamais les rayons que très obliquement, ont mérité le nom de *zones glaciales*. Les deux comprises dans chaque hémisphère, entre le cercle polaire et le tropique, reçoivent les rayons du soleil moins obliquement que les zones glaciales, mais jamais verticalement; ce sont les *zones tempérées;* enfin la bande circonscrite par les deux tropiques, dont chaque point passe deux fois sous le soleil dans l'année, et reçoit constamment les rayons de cet astre dans une direction peu oblique, a reçu la dénomination de *zone torride*.

Les anciens géographes faisaient souvent usage d'une division de la Terre en *climats*, qu'ils fondaient sur la durée du jour comparée à celle de la nuit au solstice d'été. Dans cette division, qui est presque entièrement abandonnée par les géographes modernes, les climats se comptent par différence de demi-heure jusqu'au cercle polaire, où les différences se succèdent plus rapidement; on les compte dès-lors par mois. Les géographes appellent ces climats *climats astronomiques* ou *mathématiques*, pour les distinguer de ceux qu'ils nomment *physiques*. Ceux-ci sont formés par plusieurs causes, dont la réunion d'un certain nombre constitue les qualités atmosphériques des divers lieux de la Terre, qui sous ce rapport offrent non-seulement des différences très grandes entre eux, mais qui souvent sont même en opposition avec les climats astronomiques, auxquels ces mêmes lieux appartiennent. C'est ainsi que sous l'équateur, au centre même de la zone torride, on peut trouver tous les climats polaires en s'élevant assez haut pour dépasser la limite des neiges qui ne fondent jamais. Un mille d'élévation au-dessus du niveau de la mer produit une différence bien plus grande dans le climat ou dans la température, que ne le feraient vingt degrés de latitude.

On peut réduire à neuf les causes principales des climats physiques, savoir : 1° l'action du soleil sur l'atmosphère; 2° la température propre du globe; 3° l'élévation du terrain au-dessus du niveau de l'Océan; 4° la pente générale du terrain et ses expositions locales; 5° la position de ses montagnes relativement aux points cardinaux; 6° le voisinage des grandes mers et leur situation relative; 7° la nature géologique du sol; 8° le degré de culture et de population auquel un pays est parvenu; 9° les vents qui y règnent.

La *zone torride* n'éprouve que deux saisons, l'une *sèche* et l'autre *pluvieuse*. La première est regardée comme l'été, et l'autre comme l'hiver de ces climats; mais ils sont en opposition directe avec l'été et l'hiver célestes; car la pluie accompagne toujours le soleil; de sorte que, lorsque cet astre se trouve dans les signes septentrionaux, les contrées au nord de la ligne ont leur saison pluvieuse. Il paraît que la présence du soleil au zénith d'une contrée y échauffe et raréfie continuellement l'atmosphère; l'équilibre est rompu à chaque moment; l'air froid des contrées plus voisines des pôles y est à chaque instant attiré; il y condense les vapeurs suspendues dans l'atmosphère; donc il y existe des pluies presque continuelles. Les contrées de la zone torride, où il ne s'élève point de vapeurs, ne connaissent point de saison pluvieuse.

Les localités, surtout les hautes chaînes de montagnes qui arrêtent ou détournent les moussons et les vents, influent tellement sur les saisons physiques de la zone torride, que souvent l'intervalle de quelques milles sépare l'été de l'hiver. En d'autres endroits, il y a deux saisons pluvieuses et deux saisons sèches, qu'on distingue par les dénominations de *grande* et *petite*.

La chaleur est presque toujours la même à 10 ou 15 degrés de la ligne équinoxiale. Mais, vers les tropiques, on ressent déjà une différence entre la température qui règne au moment où le soleil est au zénith, et celle qui a lieu lorsque, dans le solstice opposé, les rayons de l'astre du jour tombent sous un angle qui est plus obtus de 47 degrés; aussi on pourrait, avec Polybe, diviser la zone torride en trois autres. La zone *équatoriale* proprement dite est tempérée, si on la compare à la *zone du tropique du Cancer*, composée, généralement parlant, des contrées les plus chaudes et les moins habitables de la Terre. La *zone du tropique du Capricorne* contient peu de terres; mais il paraît qu'elle éprouve des chaleurs momentanées extrêmes.

La plupart des anciens, méconnaissant l'observation de Polybe, crurent que la chaleur allait en augmentant du tropique vers l'équateur. Ils en conclurent que le milieu de la zone torride était inhabitable. On sait aujourd'hui que plusieurs circonstances concourent à y établir une température supportable. Les nuages, les grandes pluies, les nuits naturellement très fraîches, leur durée étant égale à celle des jours; une forte évaporation, la vaste étendue des mers, la proximité des montagnes très hautes et souvent couvertes de neiges éternelles, les vents alisés et les inondations périodiques, contribuent également à diminuer la chaleur. Voilà pourquoi, dans la zone torride, on rencontre toutes sortes de climats. Les plaines sont brûlées des feux du soleil; toutes les côtes orientales des grands continens, battues par les vents alisés, jouissent d'une température douce; les contrées élevées sont même froides; un éternel printemps règne dans la vallée de Quito; les plateaux les plus élevés de l'intérieur de l'Afrique offrent plus d'une contrée douée du même avantage.

Rien n'égale la beauté majestueuse de l'été dans la zone torride. Le soleil s'élève horizontalement; il traverse, en un seul instant, les nuages brûlans de l'Orient, et remplit la voûte des cieux d'une lumière éblouissante, dont aucune trace d'ombre n'interrompt la splendeur. La lune brille ici d'un éclat moins pâle; les rayons de Vénus sont plus vifs et plus purs, la voie lactée répand une clarté plus scintillante. A cette pompe des cieux il faut ajouter la sérénité de l'air, le calme des flots, le luxe de la végétation, les formes gigantesques des plantes et des animaux, toute la nature plus grande, plus animée, et cependant moins inconstante et moins mobile.

Les zones tempérées sont dédommagées par les charmes doux et variés du printemps et de l'automne, par les chaleurs modérées de l'été et les rigeurs salutaires de l'hiver; cette succession de quatre saisons n'est point connue au-delà des tropiques, ni vers les pôles. Même la partie de la zone tempérée boréale, qui s'étend entre le tropique et le 35e degré de latitude, ressemble, en beaucoup d'endroits, à la zone torride. Jusque vers le 40e degré, la gelée, dans les plaines, n'est ni forte ni de longue durée; il est également rare d'y voir tomber de la neige. Les contrées élevées ressentent toute la rigueur de l'hiver; et les arbres, même dans la plaine, perdent leur feuillage, et restent dépouillés de verdure dans les mois de novembre et décembre. C'est depuis le 40e jusqu'au 60e degré, que la succession des quatre saisons se montre la plus régulière et la plus sensible, sans cependant exposer la santé de l'homme. Mais ici, c'est l'homme lui-même qui a créé en grande partie ces climats salubres; presque toute la France, l'Allemagne et l'Angleterre ressemblaient, il n'y a que vingt siècles, au Canada et à l'Asie Centrale, contrées situées, aussi bien que notre Europe, à une distance moyenne entre l'équateur et le pôle.

Au-delà du 60e degré, et jusqu'au 78e (qui paraît être le terme des terrains habitables dans l'hémisphère boréal), on ne connaît, en général, que deux saisons: on éprouve un long et rigoureux hiver, auquel succèdent brusquement quelquefois des chaleurs insupportables. L'action des rayons solaires, faible en raison de l'obliquité de leur direction, s'accumule pendant les jours extrêmement longs, et produit des effets auxquels on ne s'attendrait que dans la zone torride. Dans l'hiver, au contraire, on voit l'eau-de-vie se congeler dans les chambres chauffées, et une croûte de glace couvrir jusqu'aux draps de lit. On a trouvé la terre gelée à 33 mètres de profondeur. Le mercure, figé dans le thermomètre, laisse le degré de froid indéterminé. On parle ici des extrêmes et de la zone glaciale en général. Les expositions méridionales, ou le voisinage de la grande mer, adoucissent le climat jusqu'à un degré qui paraîtra incroyable aux esprits prévenus. Bergen, en Norwège, et toute la côte de ce pays, entre 60° et 62° de latitude, a l'hiver très pluvieux, mais rarement de la neige ou des gelées ; cette saison est moins rigoureuse, et on y use moins de combustible qu'à *Vienne* en *Autriche*, à *Prague* et à *Cracovie* sous 48° et 50° de latitude. La zone froide jouit d'un calme atmosphérique qui est inconnu dans la région tempérée ; point d'orage, point de grêle, rarement une tempête ; l'éclat des aurores boréales, réfléchi par la neige, dissipe les ténèbres de la nuit polaire ; les jours de plusieurs mois, quoique d'une magnificence monotone, accélèrent d'une manière étonnante le jeu de la végétation ; en trois fois vingt-quatre heures la neige est fondue et les fleurs s'épanouissent.

Chapitre VII.

Des principales définitions géographiques.

En jetant les yeux sur un globe terrestre, ou sur un planisphère, on est frappé d'abord de l'espace immense occupé par la masse d'eau continue nommée *Océan*, receptacle de la plus grande partie des eaux du globe, dont elle couvre environ les trois quarts de la surface. Au milieu de l'Océan se montrent différentes portions de terre, toutes séparées les unes des autres. Les parties de terre ainsi environnées d'eau se nomment *îles*.

Parmi ces portions de terre, trois se font remarquer au premier coup-d'œil par leur grandeur, et doivent être nommées *continens*. La plus considérable est appelée *Ancien-Continent*, parce que c'est le premier dont nous ayons eu connaissance ; elle comprend l'*Europe*, l'*Asie*, l'*Afrique* ; la seconde est nommée *Nouveau-Continent*, parce qu'elle a été découverte beaucoup plus tard ; on l'appelle aussi *Amérique* ; enfin, la troisième, qui est incomparablement plus petite que les deux premières, a reçu le nom impropre de *Nouvelle-Hollande*, nom que depuis quelque temps on remplace généralement par celui d'*Australie*, et auquel nous donnerons, par analogie avec les deux précédens, le synonyme de *Continent-Austral*. Toutes les autres terres, qui s'élèvent au-dessus du niveau des eaux sont regardées comme des îles. Les contours des continens et des îles, que baignent les eaux de l'Océan et de ses subdivisions, se nomment *côtes*.

Ile proprement dite, est toute terre environnée de tous côtés par l'eau, quelle que soit son étendue ; le géographe n'admet que trois seules exceptions, qui sont les trois continens que nous venons de nommer. Les plus grandes îles du globe sont : *Bornéo*, la *Papouasie* (Nouvelle-Guinée), le *Groënland*, *Sumatra*, *Madagascar*, *Niphon*, *Cuba*, la *Grande-Bretagne*, etc., etc.

Un petit nombre d'îles placées à peu de distance les unes des autres, ou bien une île principale environnée de plusieurs autres incomparablement moins étendues qu'elle, forme un *groupe;* le *groupe de Malte,* en Europe, et le *groupe de Sumatra,* dans l'Océanie, peuvent servir d'exemple.

Plusieurs îles, de différente étendue, tantôt assez rapprochées entre elles pour être en vue l'une de l'autre, tantôt même à de plus grandes distances, forment un *archipel.* Presque tous les archipels se composent de la réunion de plusieurs groupes. Tout le monde connaît l'*archipel Grec,* que par antonomase on appelle l'*Archipel.* Nous citerons en outre l'*archipel des Antilles,* en Amérique, et l'*archipel de Sumbava-Timor,* dans l'Océanie.

Dans l'Abrégé nous avons proposé d'étendre la dénomination d'*attole* ou *attolon,* que depuis longtemps l'usage a employée pour désigner les groupes qui forment l'*archipel des Maldives,* à toutes les réunions d'îles qui offrent le même caractère. Ce sont de petites îles basses, groupées sur d'étroits plateaux madréporiques, qui ceignent un bassin oval ou circulaire et présentent des coupures plus ou moins accessibles aux pirogues ou aux navires. Toutes les îles de l'*archipel de Pomotou* (Dangereux) et de l'*archipel Central* (Mulgrave, etc.), sont des *attolons.*

Une portion de terre qui avance dans la mer, et qui ne tient au continent ou à l'île dont elle dépend que par un terrain étroit, se nomme *presqu'île* ou *péninsule;* comme la *Morée,* la *Crimée,* etc. La portion resserrée de terre qui l'empêche d'être entièrement entourée d'eau est un *isthme,* comme celui de *Corinthe* qui joint la Morée à la Livadie, ou celui de *Précop* qui réunit la Crimée au reste du gouvernement de la Tauride. La plus grande de toutes les péninsules du globe est l'*Afrique,* qui ne tient à l'Asie que par l'*isthme* de *Suez.* Un autre isthme célèbre est celui de *Panama,* qui joint l'Amérique du Nord ou la Colombie à l'Amérique du Sud, ou à l'Amérique proprement dite. L'usage classe depuis longtemps parmi les péninsules l'*Espagne* avec le *Portugal,* l'*Italie,* la *Turquie d'Europe* au sud du Danube, l'*Asie-Mineure,* l'*Arabie,* l'*Inde* et l'*Inde-Transgangétique,* etc., malgré la largeur du côté qui les unit au continent.

L'extrémité d'une terre [illegible] dans la mer d'une manière bien prononcée, [illegible] *promontoire* ou *cap,* comme le *Cap-Nord* dans la Laponie, le *Cap-de-Bonne-Espérance* à l'extrémité de l'Afrique Australe, etc. Les saillies les moins considérables et peu élevées s'appellent *pointes.*

Les *montagnes* sont les éminences les plus considérables de la

Terre, et qui en même temps ont une pente rapide, ou du moins sensible. Il faut les distinguer des *plateaux*, qui sont des masses de terre élevées souvent très grandes, formant alors le noyau des continens ou des îles, mais avec des pentes moins rapides et plus étendues. Un plateau peut renfermer des montagnes, des plaines et des vallées; il y en a qui sont assez inclinés pour laisser écouler les eaux qui se rassemblent à leur surface; il y en a d'autres qui conservent pendant un long espace le même niveau, et où les rivières ne trouvent point de débouché : on rencontre des plateaux de cette dernière espèce en Europe, principalement en Croatie, en Carniole, etc., mais ils ont de petites dimensions; pour les voir en grand, il faut visiter l'empire Chinois, la Perse, et l'intérieur de l'Afrique et de l'Amérique. Ces plateaux ont ordinairement un niveau général plus élevé que le reste des continens; le plus vaste et le plus célèbre de tous les plateaux est celui de l'*Asie Moyenne*. Les pentes des plateaux et les monts qui les soutiennent et par où l'on y monte, se nomment leurs *escarpemens*.

On distingue dans un *mont* ou une *montagne*, sa *base* ou le pied, qui est l'endroit où elle commence à se séparer de la plaine; le *flanc*, qui forme la *pente;* la *croupe*, qui surmonte le flanc; le *sommet*, qui repose sur la croupe; la *cime*, qui couronne le sommet; et le *point culminant*, qui est l'extrémité de la cime. Les montagnes, au lieu de s'élever de la base au sommet par une pente insensible, sont souvent taillées en gradins réguliers, qui se nomment *assises*. Quand le sommet d'une montagne est conique ou pointu, on le nomme *pic*, *piton* ou *puy;* un mont se trouve souvent désigné par la forme de son sommet : c'est ainsi qu'on dit le *Pic de Ténériffe*, ou le *Puy de Dôme*. Un sommet prismatique ou anguleux, comme dans les Alpes, prend le nom d'*aiguille*, de *dent* ou de *corne;* s'il est détaché on le nomme *brèche;* telle est la *brèche de Roland* dans les Pyrénées. Un sommet arrondi, comme on en trouve plusieurs dans la chaîne des Vosges, s'appelle *ballon*. Si un sommet a une forme cylindrique, il prend le nom de *cylindre*, comme le *cylindre de Marboré*, dans les Pyrénées; s'il est aplati, comme la montagne du Cap-de-Bonne-Espérance et le fameux Mont-Thabor, on le nomme *table* ou *plateau*.

On nomme *volcan* toute montagne qui vomit des flammes, des laves, etc., etc., quelles que soient son élévation et sa position.

Les montagnes sont *isolées*, ou assemblées en *chaînes*, *groupes* ou *systèmes*. Une *chaîne* peut être définie par une suite de montagnes dont la base se touche; l'usage cependant et quelquefois l'imperfection de la géographie ont fait donner la qualification de chaîne à des montagnes dont les bases sont séparées par des espaces très considérables ; sans sortir de l'Europe, nous pourrions citer quelques-unes des prétendues chaînes du système Scandinavien. Un *groupe* est l'union de plusieurs chaînes, et un *système* est l'ensemble de plusieurs groupes. Le point, où des chaînes de montagnes se réunissent, s'appelle *nœud*. Indépendamment de ces deux grandes divisions des montagnes, il existe des groupes de plusieurs chaînes irrégulières, qui semblent ne suivre aucun ordre dans leur direction, et dont aucune ne peut être regardée comme la chaîne principale. On peut ranger dans cette classe les montagnes de la *Perse* et celles de l'*Asie-Mineure*.

La ligne des sommets se nomme le *faîte* ou la *crête* de la chaîne. Les enfoncemens entre les sommets forment ce que l'on nommé des *passages ;* lorsqu'ils sont très étroits on les appelle *pas, cols, défilés, gorges*. Plusieurs passages étroits sont célèbres dans l'histoire et la géographie ancienne sous le nom de *portes*, comme les *portes du Caucase*, les *portes Caspiennes*, les *Thermopyles*, etc.

On appelle *vallée* un enfoncement plus ou moins profond entre les pentes des montagnes. La partie supérieure des hautes vallées a ordinairement une grande altitude. C'est ce qui nous a engagé à la réunir au plateau respectif. La géographie physique est encore trop imparfaite pour pouvoir tracer d'une manière bien distincte la ligne de démarcation entre le plateau proprement dit et la partie des hautes vallées qui lui appartiennent. Aussi dans la géographie générale des cinq parties du monde avons-nous réuni dans un même article les *plateaux* et les *hautes vallées*.

On nomme *plaine* les différentes parties des continens ou des îles dont la surface est horizontale, unie, ou simplement sillonnée de légères ondulations peu profondes, larges et étendues, et bien distinctes des vallons ou des vallées. Elles sont rarement d'une horizontalité parfaite ; la rondeur de la Terre rend cela impossible à l'égard de toutes les plaines d'une étendue considérable ; presque toujours elles sont inclinées vers quelques points de l'horizon. Les plaines se rencontrent dans les différentes sortes de terrains, à toutes les hauteurs au-dessus du niveau de la mer, sous tous les climats, et présentent tous les degrés de fertilité, depuis l'inépuisable fécondité du delta égyptien, jusqu'à la stérilité indestructible du sable des déserts.

La *hauteur absolue* ou *relative* des montagnes ayant des conséquences très importantes dans la détermination des climats physiques, dans celle des stations des végétaux et des animaux, et dans les révolutions politiques qu'offre l'histoire des peuples anciens et modernes, on pourrait les classer de la manière suivante : regarder comme de simples *collines* toutes les hauteurs qui ne dépassent pas 2,000 pieds ; appeler *montagnes basses*, ou de *premier ordre*, celles dont l'élévation va depuis 2,000 jusqu'à 4,000 pieds ; nommer *montagnes moyennes*, ou de *second ordre*, celles dont la hauteur est comprise entre 4,000 et 6,000 pieds. Les pointes qui s'élèvent de 6,000 à 10,000 pieds pourraient être appelées avec Ritter des *monts alpins* (*Alpengebirge*); on pourrait enfin ranger avec cet illustre géographe parmi les *montagnes gigantesques* (*Riesengebirge*) tous les sommets qui dépassent ces limites.

C'est toujours relativement au niveau des mers qu'on évalue les hauteurs respectives des montagnes. Depuis quelque temps, les savans qui s'occupent de géographie physique ont inventé le mot *altitude* pour exprimer sans périphrase la hauteur d'un lieu ou d'une montagne au-dessus du niveau de la mer. Suivant leur exemple, nous nous en sommes servi dans ces Élémens, en employant la toise de Paris et le mètre pour unité de mesure. Les plus hautes montagnes que l'on ait mesurées jusqu'à présent se trouvent dans l'Himalaya, en Asie, et dans les Andes, dans l'Amérique-Méridionale. Le tableau suivant offre en toises et en mètres l'altitude des points culminans du globe et de ses cinq grandes divisions.

TABLEAU

Des plus hautes montagnes du globe.

NOMS ET POSITION.	HAUTEUR au-dessus du niveau de la mer en toises.	mètres.
Le TCHAMOULARI, sur les limites du Boutan et du Tibet, dans l'Himalaya, chaîne du *système Altaï-Himalaya*. C'est le *point culminant connu*, non-seulement de l'*Asie*, mais de *tout le globe*; il est situé, ainsi que le suivant, dans les limites de l'empire Chinois.	4 450?	8 673?
Le DHAWALAGIRI, sur les limites du Nepal et du Tibet, dans l'Himalaya. . . . . C'est le *plus haut sommet mesuré* jusqu'à présent, et par conséquent le *point culminant mesuré de tout le globe*.	4 390	8 556
Le NANDA-DEVI, dans le Kemaun, dans l'Inde Anglaise, sur les limites du Tibet, dans l'Himalaya. . . . . . Cette montagne est le *point culminant* de *toute* la vaste *monarchie Anglaise*	4 026	7 847
Le NEVADO DE SORATA, près de Sorata, dans la république de Bolivia, dans le *système des Andes* . . . . . . C'est le *point culminant*, non-seulement de l'Amérique-Méridionale, mais de *tout le Nouveau-Monde*.	3 948	7 695
Le VOLCAN D'ACONCAGUA, dans la république du Chili; *système des Andes*. . . . . C'est le *point culminant* de cette république, et le *plus haut volcan connu de tout le globe*; sa hauteur est tellement considérable, qu'elle dépasse de quelques centaines de toises celle qu'auraient l'*Etna*, le *Vésuve* et l'*Hécla* superposés les uns aux autres; car ces trois	3 743	7 295

volcans célèbres ainsi réunis ne donnent encore qu'une élévation de 3138 toises (6116 mètres).		
Le MONT MURIA, dans le Cambambe, dans l'Afrique Portugaise; *système Central de l'Afrique*.	2 6007	5 0677
Cette montagne est le *point culminant de l'Afrique* et en même temps de *toute la monarchie Portugaise*.		
Le MONT-BLANC, dans les *Alpes Pennines*, dans le royaume Sarde; *système Alpique*.	2 468	4 810
C'est le *point culminant de l'Europe*.		
Le GOUNONG-KOSUMBRA, dans l'île Sumatra, dans la Malasie Hollandaise; *système Malaisien*.	2 345	4 570
C'est le *point culminant mesuré* de toute l'*Océanie*, et de la *monarchie Hollandaise*.		

La surface du globe offre plusieurs vastes espaces incultes, dont le sol, quoique fécond, n'est pas propre dans son état naturel à la production de grandes forêts, est dépourvu de montagnes et s'étend en vastes plaines. Ces grandes solitudes diffèrent beaucoup entre elles par leur aspect général, par leurs produits et par le caractère de leur végétation. On les nomme *steppes* dans l'empire Russe, *djengle* dans l'Inde, *karrous* dans l'Afrique la plus méridionale, *savanes, llanos* et *pampas* dans l'Amérique. Des solitudes semblables, mais infiniment moins étendues, se trouvent dans l'Europe Occidentale, où on leur donne le nom de *landes* ou de *bruyères* en France, comme les *landes de Bordeaux*, entre les embouchures de la Garonne et de l'Adour; d'*arendal* dans la *Nouvelle-Castille*, en Espagne; de *haiden*, dans le nord de l'Allemagne, etc.

Les *déserts* proprement dits sont des espaces, quelquefois d'une étendue immense, absolument stériles, où les végétaux ne peuvent croître, où les hommes et les animaux ne peuvent subsister. Ces affreuses solitudes privées d'eau et de verdure, dévorées par un soleil brûlant, n'offrent que des plaines sablonneuses, des montagnes encore plus arides, sur lesquelles l'œil se fatigue vainement à chercher quelque indice de vie.

Souvent un vent embrasé s'élève, suffoque les hommes et les animaux, soulève et roule des colonnes et des montagnes de sable, qui engloutissent tout sur leur passage, et ensevelissent des caravanes et, à ce qu'on dit, même des armées entières. Au milieu de ces océans de sable se trouvent des espaces resserrés, arrosés par des sources, ombragés par des arbres bienfaisans et assez fertiles. Ces terres fortunées, placées au milieu des déserts comme des îles au milieu des mers, se nomment *oasis*. L'Afrique et l'Asie offrent les déserts les plus vastes du globe. Celui de *Sahara* en Afrique jouit depuis des siècles d'une terrible célébrité : c'est le plus vaste que l'on connaisse.

Le sol fertile de la Terre, dont l'eau ne recouvre pas la surface, se couvre cependant d'arbres majestueux qui, réunis en grandes masses, forment ce qu'on appelle *forêts*, séjour favori des bêtes féroces. Ces forêts naturelles, épaisses et sombres ne ressemblent point à celles que l'homme civilisé plante et exploite; la végétation, plus riche chaque jour de ses propres produits, s'y développe sans obstacle et offre aux regards étonnés les colosses du règne végétal.

On appelle *Océan* la vaste masse d'eau qui baigne les côtes extérieures des continens et des îles qui en dépendent, et *mers* ses subdivisions qui, pénétrant dans l'intérieur des terres, en baignent les côtes. Nous verrons plus bas, dans le chapitre des grandes divisions du globe, les dénominations différentes que l'usage et la science ont imposées à l'Océan et à ses subdivisions principales. Ici nous nous bornerons à définir ses moindres parties, comme les *manches*, les *détroits*, les *ports*, les *havres*, etc., etc.

Lorsqu'un golfe à plusieurs issues a une forme très allongée, que ses sorties sont larges et non resserrées par des détroits, il prend le nom de *bras de mer*, ou de *manche* ou de *canal*; ainsi l'espace de mer compris entre la France et l'Angleterre se nomme la *Manche* ou *canal de la Manche*. Lorsque dans un canal les terres se rapprochent beaucoup entre elles, l'étroit passage de mer qu'elles forment se nomme *détroit*, comme celui de *Gibraltar* entre l'Europe et l'Afrique; mais, quand en se rapprochant elles restent encore écartées, l'endroit le moins large ou le plus resserré du canal prend le nom de *pas*; tel est le *pas de Calais*, le plus court passage de France en Angleterre.

Les plus petites portions d'eau environnées de terres, et qui offrent un abri aux navires contre les vents ou contre les courans, s'appellent *port, anse, havre* ou *rade*; le premier terme indique un asile très sûr; le second s'applique à des ports d'une petite dimension; on nomme *havre* ceux d'une grande étendue, qui sont quelquefois l'ouvrage de l'art; enfin la *rade* ne présente qu'un mouillage temporaire, ou un abri contre certains vents; elle précède souvent un port, comme la *rade de Brest*. Il y a aussi des ports qui sont situés sur des fleuves, le plus souvent vers leur embouchure, mais quelquefois aussi à de grandes distances dans les terres, comme les ports de *Quebec*, dans le Canada, de *Washington*, dans les États-Unis, etc., etc. On pourrait les nommer *ports intérieurs* pour les distinguer des autres, qui sont les ports proprement dits, et qu'on pourrait qualifier de *ports maritimes*, tels que les ports de *Toulon*, de *Cadix*, etc.

Dans quelques endroits, non-seulement la mer n'a pas une grande profondeur, mais encore par intervalle son lit se rapproche de la surface en formant des *bas-fonds*, ou des *écueils*, ou des *bancs de sable*, ou des *bancs de coquillages;* ces derniers sont quelquefois d'une très grande importance, étant le séjour de ces mollusques qui nous fournissent les perles : les bancs du *golfe ouvert de Manaar* à l'extrémité méridionale de l'Inde, ceux des *îles Barhein,* dans le golfe Persique, jouissent depuis longtemps d'une grande célébrité. Les bancs de sable sont souvent fréquentés par d'énormes cétacés et par des légions innombrables de poissons qui s'y rendent, comme dans les lieux les plus commodes à l'époque du frai : ceux de *Terre-Neuve,* de *Dogger,* de *Well* et de *Cromer,* dans l'Océan-Atlantique, sont depuis longtemps le rendez-vous de milliers de pêcheurs qui s'y rendent tous les ans, et en rapportent d'immenses quantités de morues et de harengs. D'autres bas-fonds offrent des forêts de coraux que l'avide audace de l'homme a appris à détacher du fond de la mer; les côtes de la *Barbarie* et celles de la *Sardaigne* fournissent les produits de ce genre les plus estimés.

Parmi les différens mouvemens qu'on observe dans l'Océan et dans ses branches, il en est deux qui intéressent particulièrement le géographe et le navigateur, et qui doivent être mentionnés; nous voulons parler des *courans* et des *marées.*

Les *marées* sont des oscillations régulières et périodiques, que les mers subissent par l'attraction des autres corps célestes, principalement par celle de la lune et du soleil. Dans les parties de l'Océan sujettes aux marées, il offre chaque jour deux oscillations régulières plus ou moins fortes, et d'une durée généralement inégale. Sur les côtes de France, la première de ces oscillations fait monter la mer pendant environ 6 heures. Parvenue à sa plus haute élévation, elle reste stationnaire à-peu-près un quart d'heure. C'est le moment de la *haute mer* ou de la *pleine mer:* on nomme *flux* ou *flot* le mouvement qui l'a produite; bientôt la mer commence à baisser, elle met environ 6 heures pour se retirer, et demeure basse à-peu-près une demi-heure. Le courant produit par cet abaissement prend le nom de *reflux,* de *jusant* ou d'*èbe.* Après quelques instans de repos, la mer recommence à monter, et présente de nouveau les mêmes phénomènes : ainsi, dans 24 heures 48′ il y a deux marées.

Les *courans* se subdivisent en *courans généraux* et en *courans particuliers;* on les appellent aussi les *mouvemens propres de la mer,* parce que la plupart ont leurs causes dans l'élément même qui en est agité. Les plus considérables sont : le *courant oriental,* qui dans la zone torride porte les eaux de l'est à l'ouest; le *gulf-stream,* dans la partie moyenne de l'Atlantique; et les deux *courans polaires* du *nord* et du *sud* qui portent les eaux des mers des pôles vers l'équateur.

On appelle *lacs* des amas d'eau entourés de terres de tous côtés et n'ayant aucune communication immédiate avec l'Océan, ou avec une autre mer. On peut distinguer quatre espèces de lacs.

La *première classe* comprend ceux qui n'ont point d'écoulement et qui ne reçoivent point d'eaux courantes ; ils sont ordinairement très petits et ne méritent généralement que peu d'attention. On peut nommer comme exemple celui d'*Albano* près de Rome.

La *deuxième classe* renferme les lacs qui ont un écoulement, mais qui ne recoivent aucune eau courante. Quelques grands fleuves ont de semblables lacs pour sources. Ces lacs sont naturellement situés à de grandes élévations. Le *Manassarovar*, regardé comme une des sources du Sutledji, le principal des affluens de l'Indus, est non-seulement le plus haut de cette classe, mais le lac connu le *plus élevé du globe*, car le niveau de ses eaux étant à 2770 toises (5399 mètres) au-dessus de celui de l'Océan, sa hauteur absolue dépasse de 302 toises (5,8861 mètres) celle du célèbre Mont-Blanc, que nous venons de voir être le point culminant de l'Europe.

La *troisième classe* de lacs est très nombreuse ; nous y plaçons ceux qui reçoivent et émettent des eaux courantes. Chaque lac peut être regardé comme un bassin qui reçoit les eaux voisines ; il n'a ordinairement qu'un seul débouché, et celui-ci porte presque toujours le nom de la plus grande des rivières qui s'y jettent. Mais on ne saurait dire proprement, que les rivières *traversent* les lacs ; leurs eaux se mêlent avec celles du bassin où elles se répandent. Ces lacs ont souvent des sources propres, soit près des bords, soit dans leur fond. Les grands *lacs* du *Canada* sont les plus vastes de cette division, à laquelle appartiennent aussi ceux de *Ladoga*, d'*Onéga*, de *Genève* et de *Constance*, en Europe ; le *Baïkal*, dans l'Asie Russe, etc., etc.

La *quatrième classe* comprend les lacs qui reçoivent des rivières, souvent même de grands fleuves, sans avoir aucun écoulement visible. Suivant l'exemple d'un savant illustre, nous proposons de nommer *caspiennes* tous ces bassins, quelque soient leurs dimensions, à cause de leur analogie avec la prétendue mer de ce nom ; la prétendue *mer* d'*Aral* en Asie, et le *lac* de *Titicaca* en Amérique sont des caspiennes.

Quelquefois les eaux d'un ou de plusieurs fleuves ou rivières, avant de s'écouler dans la mer, s'épanchent sur un rivage plat, peu profond, et offrent à leurs embouchures des espèces de golfes, qu'à tort on a nommés *lacs*, et qu'il faut désigner par le nom de *lagunes* : celles de *Venise* sont les plus célèbres. Les embouchures de l'*Oder*, du *Niemen*, de la *Vistule*, dans la monarchie Prussienne, en offrent de très grandes, comme on en trouve aussi le long des côtes de la confédération Anglo-Américaine et de la république du Mexique.

Les divers cours d'eau, qui ornent, rafraîchissent et fertilisent la surface du globe, se nomment *sources* immédiatement à leur sortie du sol à travers lequel ils filtrent : ces sources produisent des *ruisseaux*, qui prennent le nom de *torrens* lorsqu'ils coulent avec une grande rapidité; on donne aussi ce dernier nom à un cours d'eau passager qu'aucune source n'alimente, mais que produisent temporairement de grandes pluies ou la fonte des neiges. Les *ruisseaux* et les *torrens*, en se réunissant dans un terrain plus bas, donnent naissance aux *rivières ;* et les rivières, par leur réunion dans le fond d'un même bassin hydrographique, forment les *fleuves*.

La cavité qu'occupe un fleuve ou une rivière est ce qu'on appelle le *lit*, et la ligne formée par la partie la plus profonde est ce qu'on nomme *thalweg* parmi les Allemands, dénomination qui est souvent employée par les géographes des autres nations de l'Europe. Les bords d'un cours d'eau s'appellent *rives*, quand ils sont peu élevés et que le cours d'eau n'est pas encaissé; dans ce dernier cas, ces bords prennent le nom de *berges*. La rive d'un cours d'eau, qui se trouve à la droite de celui qui le descend, est la *rive droite*, et la rive opposée est la *rive gauche*.

L'endroit où un cours d'eau se décharge dans un autre, dans un lac, ou dans la mer, se nomme *embouchure ;* et le lieu de jonction de deux cours d'eau se nomme *confluent*. Le cours d'eau secondaire, ou celui qui porte le tribut de ses eaux au courant principal, est ce qu'on appelle un *affluent*

Les fleuves se déchargent souvent dans la mer par plusieurs bras ou embouchures; ils forment alors un *delta*, comme celui du *Nil* qui a donné son nom aux autres; et ceux du *Gange*, de l'*Indus*, de l'*Euphrate*, du *Rhin* et d'autres grands fleuves.

Quand le lit d'un cours d'eau change brusquement de niveau il forme une *chute* ou un *saut*. Si ses ondes se précipitent d'une grande hauteur, se brisent sur des rochers, écument et rejaillissent, ce saut se nomme *cascade*. Si un fleuve ou une grande rivière tombe en formant plusieurs cascades de suite, et fait entendre au loin le fracas de ses flots bondissans, cette suite de chutes ou de cascades se nomme *cataractes*. La *chute du Velino*, près de Terni en Italie; la *cascade de Niagara* produite par le Saint-Laurent entre les États-Unis et l'Amérique-Anglaise; le *saut de Tequendama* près de Santa-Fé-de-Bogota dans la Colombie, sont connus de tout le monde, et malgré la différente manière de les qualifier, sont autant de cataractes. Quelquefois un cours d'eau, sans changer beaucoup de niveau, se trouve obstrué ou barré par des rochers au travers desquels ses flots sont obligés de se faire jour; ces rochers se nomment *brisans* ou *barrages*. Souvent aussi une rivière, sans changer très brusquement de niveau, précipite son cours en tombant par une pente unie et fortement inclinée, ou par une série de chutes peu élevées, qui se succèdent comme les degrés d'un escalier. Les Anglais et les Français nomment *rapides* ces sortes de sauts. Dans les hautes eaux les bateaux peuvent quelquefois franchir les brisans et les rapides, mais jamais les cascades ni les cataractes. Les célèbres *cataractes du Nil*, près d'*Assouan*, ne sont que des brisans, et les cataractes de *Maypurés*, formés par l'Orénoque, sont de véritables rapides, malgré les dénominations sous lesquelles l'usage les désigne.

Les sauts, les cascades, les chutes, les disparitions sous terre, les inondations et les crues périodiques ou irrégulières, apportent souvent des obstacles insurmontables à la navigation des fleuves et des rivières, dont les cours, soit par leurs sinuosités, soit par leurs directions, ne sont pas toujours propres à établir de faciles et promptes communications entre les diverses parties du même pays; mais lorsqu'ils le sont, il est, pour cet objet, très utile de les réunir par des coupures transversales. Ces motifs ont engagé l'homme à creuser les *canaux navigables*, sortes de *rivières artificielles*, par le moyen desquelles on obvie à la différence dans les niveaux, à l'inégalité ou à la rapidité des rivières naturelles, par des *bassins* et des *écluses*, par des ponts jetés sur les vallées, et par des souterrains creusés dans les montagnes; on appelle *viaducs* les premiers, *tunnels*, les seconds. Le *canal Impérial*, qui du nord au sud traverse une grande partie de la Chine, et celui de *New-York* qui traverse de l'est à l'ouest l'état de ce nom, sont peut-être les canaux les plus longs qui existent. La France, l'Angleterre, la Russie, la Suède, les royaumes des Pays-Bas et de Belgique, l'Italie-Autrichienne, la confédération Germanique et autres pays de l'Europe en ont plusieurs qui, quoique moins longs, ne sont pas moins remarquables par leur beauté et l'importance de leurs constructions hydrauliques.

L'ensemble des pentes, d'où découlent les ruisseaux et les rivières qui se jettent dans un certain fleuve, s'appelle le *bassin de ce fleuve*, ou sa *région hydrographique*. Les plus grands bassins du globe formés par des fleuves sont le *bassin de l'Amazone* et ceux du *Mississippi*, de l'*Obi*, de *La Plata*, du *Yang-tse-Kiang*, du *Ienisseï* et du *Lena*. Dans le tableau suivant nous offrons la surface en milles et en kilomètres carrés de quelques bassins, et la longueur en milles et kilomètres du cours de leur fleuve principal respectif, afin qu'on puisse voir la place qu'occupent les fleuves de l'Europe comparés aux principaux des autres parties du monde. La partie moyenne du cours du *Niger* et les parties supérieures de ceux du *Bahr-el-Abiad* (Nil-Blanc) et de l'*Indus* sont encore trop peu connues pour que nous puissions leur accorder une place dans le tableau.

TABLEAU COMPARATIF

De la surface des bassins et de la longueur du cours de quelques-uns des principaux fleuves du monde.

NOMS ET POSITION DES BASSINS.	SURFACE en		LONGUEUR en	
	milles car.	kil. car.	milles.	kilom.
Tibre, en Italie.	5,570	19,101	200	370
Seine, en France.	22,600	77,503	340	630
Pô, en Italie.	30,000	102,881	352	652
Duero, en Espagne et Portugal. . . .	29.200	100,137	440	815
Elbe, dans la confédération Germanique.	42,000	144,033	684	1,267
Rhin, dans les confédérations Suisse et Germanique, en France, etc., etc. . .	65,300	223,937	600	1,111
Euphrate, dans l'Asie Ottomane, etc. .	195,700	671,125	1.492	2.763
Danube, dans les confédérations Suisse et Germanique, les empires d'Autriche, Ottoman et Russe	234,000	802,469	1,496	2,770
Orenoco, dans les républiques de la Nouvelle-Grenade et de Venezuela, dans l'Amérique Méridionale.	284,000	973,937	1,352	2·504
St.-Laurent, dans la confédération Anglo-Américaine et dans l'Amérique Anglaise.	297,600	1,020,576	1,800	3,333
Volga, dans l'empire Russe, en Europe.	397,400	1,362,826	2,040	3,778
Gange, dans l'Inde, en Asie.	434,500	1,490,055	1,680	3.111
Mackenzie, dans l'Amérique Anglaise. .	441,600	1,514,403	2,120	3,926
Amour, dans l'Asie Russe et l'empire Chinois.	582,900	1,998,973	2,380	4,407
Lena, dans l'Asie Russe.	594,400	2,038,409	2,400	4,444
Ienisseï, dans la Mongolie (empire Chinois) et l'Asie Russe.	784,500	2,690,329	2,800	5,185
Yang-tse-Kiang, dans l'empire Chinois, en Asie	866,800	2,972,565	2,880	5,333
La Plata, dans les républiques Bolivienne et de l'Uruguay, la confédération du Rio de la Plata, le Paraguay et l'empire du Brésil (Amérique Méridionale). . . .	886,400	3,039,780	1,920	3,555
Obi, dans le Thian-chan-Pelou (emp. Chinois), dans la Sibérie dans l'Asie Russe.	924,800	3,171,468	2,320	4,296
Mississippi (Missouri-Mississippi), dans la confédération Anglo-Américaine. .	982,400	3,368,999	3,560	6,481
Amazone ou *Marañon*, dans les républiques Colombiennes, dans celles du Pérou, de Bolivie et dans l'empire du Brésil (Amérique Méridionale).	2,018,400	6,921,810	3,080	5,704

En examinant ce tableau, dont les chiffres cependant n'offrent que des approximations, surtout à l'égard de l'Orenoque, du Yang-tse-Kiang et d'autres grands fleuves hors de l'Europe, on voit que la surface du bassin de l'*Amazone* dépasse de beaucoup celle de tous les autres, et que c'est avec raison qu'on s'accorde à regarder ce grand courant comme le *plus grand fleuve du monde*. Viennent ensuite le *Mississippi*, l'*Obi*, le *Yang-tse-Kiang* et *La Plata*, dont les bassins dépassent considérablement les autres en étendue. La surface du bassin du *Volga*, qui est incontestablement le plus grand courant de l'Europe, n'est pas même le cinquième de celle de l'*Amazone*, ni même la moitié de celle du *Mississippi*, tandis que la surface du bassin du *Danube*, regardé à tort par quelques géographes comme le plus grand fleuve de notre partie du monde, est presque neuf fois plus petite que celle du grand courant du Nouveau-Monde. Que deviennent ensuite les bassins des autres fleuves de l'Europe comparés aux bassins des colosses de l'Amérique et de l'Asie? Les bassins de la *Seine* et du *Tibre* ne sont que de petites fractions de l'immense bassin de l'Amérique-Méridionale; car celui de la *Seine* serait 87 fois contenu dans celui de *l'Amazone*, et le bassin du *Tibre* ne le serait pas moins de 360 fois!

Si l'on voulait ensuite prendre en considération la seule longueur du cours de ces fleuves, on verrait que la première place serait occupée par le *Mississippi* et la seconde par l'*Amazone;* que la troisième serait disputée par le *Yang-tse-Kiang* et le *Ienisseï*, et que le *Lena*, l'*Amour* et l'*Obi* auraient sans contestation la quatrième, la cinquième et la sixième. Que la longueur du cours du *Volga* dépasse de beaucoup celle du *Danube;* que le pourtour de ce dernier n'égale pas même la moitié de celui de *l'Amazone;* que le cours de la *Seine* est environ quatre fois et demi plus petit que celui du *Danube* et neuf fois que celui de *l'Amazone*, tandis que le parcours du *Tibre*, sur lequel est assise la ville immortelle, est quinze fois inférieur à celui de ce géant de tous les fleuves du globe!

En partageant la surface terrestre en parties correspondantes aux bassins de ses fleuves et de ses mers, on obtient ses divisions naturelles principales, dont l'ensemble forme ce qu'on appelle les *géographies par bassins*, addition importante faite de nos jours à la science dont le but est la description du globe.

La surface du globe offre un grand nombre de sources qui fournissent des *eaux minérales*, ainsi nommées parce qu'elles sont combinées avec quelques substances du règne minéral, en quantité assez considérable pour avoir une action marquée sur l'économie animale, et pour leur donner le goût et la couleur dont l'absence est le caractère de l'*eau douce*. Le secours précieux qu'en tire l'art de guérir donne une grande importance à ces sources; les lieux qui en possèdent sont le rendez-vous d'un nombre considérable d'étrangers et deviennent par là des endroits remarquables, qui ne doivent pas être omis dans la description d'un pays.

L'air en mouvement produit ce qu'on appelle le *vent;* celui-ci reçoit différentes dénominations selon le degré de sa vélocité. Sous le rapport de la direction, les vents sont nommés d'une manière entièrement différente des courans maritimes, car tandis que ceux-ci prennent leur nom du point du compas où ils tendent, les courans atmosphériques l'empruntent au nom du point d'où ils viennent; ainsi un *vent de nord* est directement opposé à un *courant nord.*

On distingue, sous le rapport de la durée, les vents *constans* des vents *variables;* et sous le rapport de l'étendue, les vents *généraux* des vents *partiels.*

Il y a deux mouvemens généraux et constans dans l'atmosphère; l'un règne dans la zone torride, et porte l'air, relativement à la Terre, à l'occident, dans un sens conforme à celui du mouvement général des mers; l'autre, qui se fait surtout sentir dans les zones tempérées, et qui amène l'air polaire vers l'équateur : ce dernier mouvement produit donc deux courans ou effluves polaires, semblables à ceux que nous avons déjà observés dans les mers. Le mouvement équatorial de l'atmosphère produit les *vents alisés* ou le *vent constant d'est,* qui souffle de chaque côté de l'équateur jusqu'à environ 28° ou 30° de latitude, pendant toute l'année du *nord-est* et du *sud-est* dans la zone boréale et dans la zone australe, avec de petites variations assujetties à la déclinaison du soleil, tant dans le Grand-Océan que dans l'Océan-Atlantique. Ce même vent alisé domine aussi dans la partie méridionale de l'Océan-Indien, jusqu'au dixième degré de latitude sud. C'est dans ce même océan, et dans la partie du Grand-Océan qui baigne la Malaisie (archipel Indien) et le sud-est de l'Asie, que l'on observe les *vents périodiques* appelés vulgairement *moussons* par les navigateurs.

Les *vents variables* soufflent dans toutes les directions et à toutes les époques de l'année; leur durée varie autant que leur vitesse. Aucun phénomène particulier ne les précède; aucune circonstance ne les accompagne; souvent quelques heures, quelques minutes suffisent pour qu'ils parcourent tous les rayons de la rose des vents, sans se fixer sur aucun point; ils cessent subitement, et le plus grand calme succède à une tempête très forte.

Le *semoun* du désert de Sahara, le *samiel* des déserts de l'Arabie, le *khamsin* de l'Égypte, l'*harmattan* de la Guinée, le *nord-ouest* de la Nouvelle-Galles du sud, le *solano* d'Espagne et le *scirocco* d'Italie, sont, avec plusieurs autres vents chauds et brûlans, des courans atmosphériques, remarquables par leurs propriétés et leur action éminemment sensible sur la vie des êtres organisés.

On appelle *état* cet espace plus ou moins grand de la surface terrestre, dont les habitans sont joints ensemble par les liens sociaux et vivent soumis à un pouvoir suprême commun. Pour éviter les graves erreurs qui résulteraient en mettant ensemble des états, dont l'existence politique est tout-à-fait différente, il faut les ranger au moins dans les deux classes suivantes : *États* proprement dits, ou *États souverains*, dits aussi *Puissances*, dont le gouvernement, quelle que soit sa forme, ne reconnaît aucune souveraineté étrangère dans l'exercice de ses droits; et *États mi-souverains*, dont le pouvoir suprême est plus ou moins restreint dans l'exercice de ses droits, étant tantôt tributaire, tantôt vassal, tantôt simplement sous la protection d'un ou de plusieurs autres états. Dans la première classe on doit placer les *monarchies Française, Anglaise*, etc.; les *empires Russe, Autrichien*, etc.; les *royaumes des Deux-Siciles*, de *Suède*, etc.; les *républiques* du *Mexique*, du *Chili*, etc. Dans la seconde on doit ranger les *principautés* de *Servie*, de *Valachie*, etc.; la *régence de Tunis*, etc.; les *républiques* des *Iles Ioniennes*, de *Cracovie*, etc.

L'*étendue d'un état* est la quantité de l'espace qu'il occupe sur le globe. Les *dimensions* de *longueur* et de *largeur*, qu'offrent exclusivement les anciennes géographies, et auxquelles se bornent encore pour le plus grand nombre d'états les géographies modernes, ne suffisent point pour donner une juste idée de sa grandeur. On ne peut connaître cette dernière avec précision que par la détermination exacte de sa superficie, que l'on mesure en lieues, en milles, en kilomètres, etc., etc., carrés. Dans ces Élémens nous nous sommes servi du mille carré géographique de 60 au degré équatorial et du kilomètre carré.

Les *confins* ou les *limites d'un état* sont les lignes, qui en tracent les contours et au-delà desquelles s'étend la mer, ou commence le territoire des états limitrophes. Il y a des *limites artificielles* et des *limites naturelles;* celles-ci, qui sont les meilleures, sont la mer, les fleuves et les chaînes de montagnes.

La *population d'un état* est le nombre de ses habitans. La géographie et la politique distinguent la *population absolue* de la *population relative*. La première est le nombre des habitans d'un état, sans égard à l'étendue du sol sur lequel ils vivent; la *population relative* est le nombre des habitans de ce même état qui vivent sur chaque mille carré. On l'obtient en divisant la population absolue par le nombre de milles carrés qui expriment la surface de l'état auquel elle appartient. Ainsi, la *population absolue* de la France, à la fin de

1826, était d'environ 32 000 000 ; ce nombre, divisé par sa superficie, qui est 154 000 milles carrés, donne 208 habitans par mille carré ; ces derniers chiffres expriment sa *population relative*.

Il y a un grand nombre de formes de gouvernement ; elles varient depuis la plus grande dissémination du pouvoir sur les membres du corps social, jusqu'à sa plus grande concentration entre les mains d'un seul.

On appelle *gouvernement monarchique* celui où le pouvoir suprême est confié à un seul individu, quelle que soit la dignité dont il est revêtu. Lorsque cet individu n'est retenu par aucune loi et peut disposer à son gré des propriétés, de la liberté et de la vie de ses sujets, alors son gouvernement se nomme *despotique*, tels sont les gouvernemens de quelques états de l'Asie, de l'Afrique et de l'Océanie. On appelle *monarchique absolu* tout gouvernement dont le chef a le droit de faire des lois à son gré, sans être limité par aucune institution dans l'exercice de son pouvoir. On dit qu'un gouvernement est *monarchique modéré* ou *pur*, lorsque le chef de l'état est limité par quelques institutions dans l'exercice de son pouvoir. Enfin on nomme *monarchique constitutionnel* le gouvernement dont le chef ne peut faire les lois sans le concours des principaux représentans de la nation. Ces personnes privilégiées forment ces corps qu'on appelle *parlement* en Angleterre, *chambre des pairs* et *des députés* en France, *riksdag* ou *diète* en Suède, etc., etc. Un *gouvernement républicain* est celui, où le pouvoir suprême réside entre les mains des principaux citoyens seulement, ou dans celles de tous les individus de la nation. Lorsque le pouvoir suprême est confié seulement aux principaux citoyens, on le nomme *gouvernement républicain aristocratique ;* lorsqu'il est confié à l'assemblée du peuple, ou bien à ses représentans, on l'appelle *gouvernement républicain démocratique*. Souvent il y a une subordination de pouvoir et une gradation dans la dépendance que produisent le droit même de propriété et les circonstances qui l'ont fait naître ; une suprématie héréditaire s'établit sur les propriétaires des biens concédés à de certaines conditions ; l'autorité du seigneur sur celui qui tient ses biens de lui ou de ses ancêtres, est souvent supérieure à celle du chef de l'état ; cet état de choses est ce qu'on appelle le *gouvernement féodal ;* c'était le gouvernement de presque toute l'Europe pendant le moyen-âge ; il y subsiste encore en quelques parties ; c'est aussi celui qui régit presque tous les peuples civilisés et les peuples barbares de l'Océanie, et plusieurs peuples de l'Asie et de l'Afrique.

Les états, considérés sous le rapport de leur étendue, de la forme de leur gouvernement et du titre de leurs chefs, reçoivent les dénominations de *monarchie*, *empire*, *royaume*, *grand-duché*, *duché*, *principauté*, *comté*, *landgraviat*, *khannat*, *imanat*, *scherifat*, *république*, *confédération*, etc., etc.

Un *système fédératif*, ou une *confédération*, est la réunion de plusieurs états indépendans sous une autorité supérieure choisie par eux, qui a des pouvoirs plus ou moins étendus, pour maintenir l'ordre public et pour les défendre contre les ennemis extérieurs. Les systèmes fédératifs sont de deux sortes : ou des *réunions d'États républicains*, comme la *confédération Anglo-Américaine* ou *États-Unis* proprement dits, la *confédération de l'Amérique Centrale*, etc., etc.; ou des réunions d'*états gouvernés diversement*, comme la *confédération Germanique*, qui offre dans les états dont elle se compose, des monarchies et des royaumes modérés et constitutionnels, des républiques, etc. Toutefois, il ne faut pas confondre ces diverses formes gouvernementales nommées *confédérations*, et ne jamais perdre de vue que la *confédération Anglo-Américaine*, par exemple, est démocratique; que les autres, au contraire, sont basées plus ou moins sur les principes aristocratiques; que la confédération Américaine forme l'unité nationale souveraine pour tout ce qui concerne les intérêts généraux des États-Unis, tandis que les États Allemands sont souverains et peuvent traiter individuellement avec les nations étrangères, pourvu que leurs transactions ne soient pas contraires au pacte fédéral.

On appelle *place forte* ou *forteresse* une ville fortifiée, qui est capable d'opposer résistance à une armée ennemie. C'est ordinairement dans ces villes que se trouvent les *arsenaux*, où l'on fabrique les instrumens et les armes nécessaires à la guerre et où l'on conserve les provisions d'armes et de munitions.

On appelle *ports militaires* les ports où stationnent ordinairement les bâtimens de guerre d'un état quelconque; et *arsenal maritime* ou *chantier militaire* les endroits où l'on construit ces vaisseaux.

Sous la dénomination d'*industrie* on comprend le plus généralement tout ce qui ajoute une valeur à la matière première; l'industrie d'un pays est ainsi la réunion des efforts de ses habitans pour mettre en œuvre de la manière la plus lucrative à la généralité, tous ses produits naturels et ceux qu'elle importe des pays étrangers; elle se manifeste ordinairement par les ateliers, les fabriques, les manufactures, et constitue ainsi un des plus puissans moyens connus d'augmenter la richesse des états.

On appelle généralement *manufactures* et *fabriques* ces établissemens plus ou moins importans où l'on prépare, pour certains usages, les matières premières tirées des trois règnes, minéral, végétal et animal

Le *commerce* est un échange ou une vente de quelques marchandises ou denrées. On échange ou des denrées de consommation, ou des matériaux de construction, ou des matières premières destinées à être travaillées dans les manufactures ou fabriques, ou, enfin, des ouvrages de manufactures ou fabriques.

Le *commerce extérieur* ou d'*exportation* et *importation avec les étrangers* consiste à vendre à ces derniers les productions du pays, ou même celles d'un autre pays qui y ont été apportées, et à prendre en échange les produits de leur sol et de leur industrie.

Les *compagnies de commerce* sont des associations de plusieurs négocians pour certaines opérations, dont ils partagent entre eux les risques et les gains. Elles peuvent avoir lieu entre des particuliers sans autorisation de l'état, et alors on les appelle plutôt *société;* ou elles peuvent être publiques, autorisées et protégées par le gouvernement. Souvent on donne à telle compagnie le droit exclusif de commercer avec tel ou tel pays; quelquefois on se borne à lui accorder quelques prérogatives. Aucune de ces associations n'a atteint la splendeur et la puissance de la Compagnie Anglaise des Indes-Orientales, qui, de nos jours, est devenue la puissance prépondérante de l'Asie, et de laquelle aujourd'hui dépendent, soit immédiatement, soit médiatement, presque toute l'Inde et plusieurs contrées de l'Indo-Chine ou de la Péninsule au-delà du Gange.

Les *foires* sont des réunions de vendeurs et d'acheteurs qui ont lieu dans certaines villes, dans certains bourgs et même dans certains villages, à une certaine époque et avec certaines libertés. Cette institution n'est plus d'une utilité aussi grande que dans le moyen-âge, où l'on n'avait ni poste aux lettres ni messageries. Les foires de *Leipzig* et de *Nijni-Novgorod* peuvent être regardées comme les plus riches de celles qui se tiennent de nos jours.

On donne le nom de *caravane* (mot qui paraît d'origine persane) à une réunion de marchands, pélerins, ou l'un et l'autre, qui, sous la conduite et le commandement d'un chef, voyagent ensemble pour se prêter un mutuel secours, soit contre les périls de la route, soit contre les attaques des voleurs ou d'ennemis de quelque nature que ce soit. Le commerce de toute l'Afrique musulmane et idolâtre et de l'intérieur de l'Asie Occidentale et Moyenne se fait par caravanes. Les relations de la Russie avec le Turkestan Indépendant ainsi qu'avec la Chine ont lieu par caravanes. Cette manière de voyager remonte à la plus haute antiquité, puisque nous savons par la Bible, que les fils de Jacob vendirent leur frère Joseph à une troupe de marchands d'esclaves qui allait en Egypte. Nous remarquerons aussi que les marins donnent le nom de *caravane* à plusieurs vaisseaux marchands qui vont de conserve.

On entend par *échelles*, dans le Levant, des ports ou des villages d'étape où les marchands d'Europe ont des magasins, envoient des vaisseaux et tiennent des comptoirs, et où les princes européens, dont les sujets font le commerce avec ces contrées, ont des consuls. Dans l'Inde, en Perse, sur la côte d'Afrique et en d'autres contrées, ces lieux sont appelés *loges* et *comptoirs; palissade*, à Madagascar, etc., etc. Le plus souvent, ces stations sont accompagnées d'un petit fort, garni de canons et défendu par une garnison d'un nombre de soldats proportionné à leur importance.

On appelle *ports francs* ceux où les vaisseaux de toutes les nations peuvent entrer chargés de toutes sortes de marchandises sans payer certains droits. On entend par *phare* ces feux, dont on se sert pour éclairer pendant la nuit les passages très fréquentés ou dangereux, où les vaisseaux pourraient aborder et échouer.

L'architecture navale, ou l'art de construire les navires, diffère dans tous les pays de la Terre; les Européens et leurs descendans peuvent seuls entreprendre les plus grandes navigations.

Les *colonies* proprement dites sont des établissemens de culture et de commerce dans des parties plus ou moins éloignées de l'Europe; ils dépendent absolument de leur métropole, et ceux qui subsistent encore sont ordinairement soumis à des lois de monopole et de prohibition. Les colonies espagnoles et portugaises, ainsi qu'une partie des colonies anglaises et françaises du Nouveau-Monde, en secouant le joug de la mère-patrie, ont donné naissance à plusieurs états indépendans, qui ont changé entièrement les relations politiques et commerciales de l'Europe avec l'Amérique. Les colonies modernes diffèrent entièrement de celles de l'ancienne Grèce, qui ont répandu les arts et la civilisation dans une si grande partie des contrées baignées par la Méditerranée et ses branches : elles étaient les enfans, et non pas les sujettes de leurs métropoles.

De nos jours le nom de *colonie* a été appliqué à des réunions d'hommes dans des parties jusqu'alors négligées de leur propre pays, où le gouvernement leur a procuré des ressources contre la misère, comme dans les Pays-Bas et le Holstein; dans d'autres contrées on a donné ce nom au territoire assigné à une population toute militaire, comme dans certains gouvernemens de l'empire Russe, et dans la longue lisière qui, sous la dénomination de *Confins Militaires*, longe la frontière de l'empire d'Autriche du côté de la Turquie. Enfin certains états, en invitant des étrangers à s'établir sur des parties incultes de leur territoire, ont donné naissance à un autre genre de colonies, comme les *colonies allemandes* de *Sierra Morena* en Espagne, du *gouvernement de Saratov* dans l'empire Russe, des *Suisses*, dans la *province de Rio de Janeiro* au Brésil, etc., etc.

Les géographes appellent *Missions*, ou *Pays des Missions*, des établissemens permanens, des villages, et même des bourgs et des villes, où les missionnaires catholiques ont réussi à réunir les sauvages errans, en les engageant par la douceur à adopter quelques-uns des usages de la vie civilisée, et surtout à cultiver la terre et à avoir des demeures fixes. C'est en leur inculquant les principes de la religion et de la morale évangélique, et en leur donnant l'exemple des vertus chrétiennes que les missionnaires sont parvenus à s'attacher de nombreuses peuplades autrefois nomades et féroces, et dont quelques-unes étaient même anthropophages.

Le territoire de chaque état peut être partagé de différentes manières selon les points de vue divers sous lesquels on l'envisage. Les principales sont les suivantes : la *division géographique* ou *naturelle;* la situation des montagnes et la direction des fleuves en font la base. La *division politique* ou *administrative* offre les provinces, les cercles, les départemens, etc., dans lesquels le gouvernement a partagé le territoire qui lui est soumis ; c'est de toutes les divisions la plus importante ; c'est aussi celle que nous indiquons dans la description de tous les états mentionnés dans ces Élémens, où le manque d'espace nous défend d'admettre les autres divisions. La *division judiciaire* se fonde sur l'étendue des juridictions des tribunaux ; la *division financière* est relative aux impositions, à la rentrée des deniers publics ; la *division ecclésiastique* partage le territoire d'après les juridictions des ministres du culte; dans les pays catholiques ces districts sont appelés *patriarcats, archevêchés, évêchés, archidiaconats, diaconats, paroisses*, etc., etc.; dans les pays protestans on les appelle *synodes, consistoires, congrégations, intendances générales, inspections*, etc., ou même aussi *archevêchés* et *évêchés* dans les contrées, où l'ancienne hiérarchie a été conservée, comme en Angleterre, en Suède, etc., etc.

Le nom de *ville*, à parler rigoureusement, n'est pas donné à un assemblage de maisons en raison de l'étendue ou de la population, mais en vertu des privilèges dont l'endroit jouit. Le droit d'exercer le commerce, les arts et les métiers, voilà ce qui distingue, dans la plupart des pays, les *villes* des *villages*. Les villages sont quelquefois plus grands que plusieurs villes, par exemple en Silésie et en Hongrie ;

mais ils n'ont ordinairement aucun privilège qui les distingue du reste des campagnes. Les *bourgs* sont des endroits qui jouissent d'une partie des droits accordés aux villes. Au reste, ces mots prennent différens sens, selon les lois et les usages de différens pays.

Le mot *commune* indique une réunion quelconque d'individus et d'habitations; le *village* est une *commune* aussi bien que la *ville*, quelque grande que soit celle-ci. *Paris, Lyon, Marseille*, sont des *communes* de même que les moindres villages de France.

Autrefois les villes étaient la plupart environnées de murailles, de tours, de fossés, de remparts : aujourd'hui, malgré les qualifications de *place forte, ville forte, ville très forte*, que leur donnent certains géographes et les auteurs des dictionnaires, des résumés et des manuels géographiques, la plus grande partie de villes sont des places ouvertes.

Une ville est *grande*, ou relativement à son étendue, ou relativement au nombre de ses habitans. La *beauté d'une ville* consiste dans des rues larges, droites, bien pavées, bien nettoyées et éclairées pendant la nuit; dans des maisons assez grandes, commodes, d'un bon goût d'architecture, bien alignées, et bien placées relativement les unes aux autres; dans des places d'une figure régulière, ornées de quelque bel ouvrage d'architecture ou de sculpture, placées au milieu de la ville, ou bien voisines du centre, mais non à l'extrémité, à moins que ce ne soit vers les portes; enfin on demande que les dehors soient rians, ornés de belles promenades et propres à servir aux plaisirs des habitans.

Ceci s'applique à l'Europe et jusqu'à un certain point aux établissemens formés dans les autres parties du monde par les Européens dans les temps modernes; mais est susceptible de beaucoup de modifications par le climat, les mœurs et le goût des différens peuples. La chaleur habituelle dans les pays qui avoisinent les tropiques fait que l'ombre et la fraîcheur sont tout ce qu'il y a de plus délicieux dans ces contrées. De grandes places, comme celles de Londres, des maisons sans portiques, et des rues fort larges y seraient très incommodes et tout-à-fait déplacées. Le goût en architecture n'est pas moins différent chez chaque peuple, et fait regarder comme très beau en Orient ce qui nous semble bizarre, lourd ou mesquin. En général on doit appeler *belle* la ville, dont l'emplacement, la distribution, les communications et les édifices sont parfaitement d'accord avec le climat et les besoins de ses habitans. Dans les villes, où le commerce se fait principalement par des foires, les bazars fixent toute l'attention. Dans l'antique Égypte, les beaux portiques, les longues galeries et les magnifiques cours couvertes, où les habitans se mettaient à l'abri d'un soleil ardent, étaient avec les temples, les obélisques et les palais des rois, les plus beaux monumens des villes. La religion est encore la source d'une grande diversité dans la construction des édifices qui servent au culte. Enfin, les progrès de la civilisation, l'introduction générale des voitures, le goût des spectacles nocturnes nous rendent bien plus exigeans que nos ancêtres et les peuples de l'Orient sur la largeur des rues, l'étendue des places et sur mille autres objets devenus indispensables.

On nomme *capitale*, la ville où résident les administrations générales d'un état. L'usage accorde aussi ce nom aux villes, où réside le gouverneur d'une province; mais nous aimerions mieux restreindre cette qualification aux premières villes et désigner les autres par la dénomination de *chef-lieu*. La *résidence* est l'endroit où siège le souverain. Ordinairement la ville de résidence est en même temps la ville capitale; mais il y a des états où le souverain réside dans une ville différente de la capitale, comme le duché de Nassau, dont *Wiesbaden* est la capitale, et *Biberich* la résidence du duc. Avant la révolution de 1789 *Paris* était la capitale de la France et *Versailles* la résidence du roi. Il y a des pays où il n'y a pas de capitale permanente; c'est ainsi que, dans la confédération Suisse, la diète se rassemble alternativement tous les deux ans dans les villes de *Zurich*, *Berne*, et *Lucerne*, qui par tour deviennent capitale de toute la confédération.

Les *chemins* sont des voies tracées à travers les pays avec plus ou moins d'art et de soin pour favoriser le transport des personnes, des marchandises, etc. Il y en a de toute espèce, depuis le rude sentier étroit, raboteux et informe, qui serpente dans les montagnes, interrompu par le moindre courant d'eau et presque impraticable à tout autre qu'aux piétons, jusqu'aux routes magnifiques, unies, larges et nivelées, construites à grands frais avec des matériaux solides, habilement dirigées sur le flanc des montagnes, ou les traversant par des perforations hardies, et continuées à travers les marais et les rivières, pour avoir un passage facile aux voitures et à toute espèce de transport. Ce dernier genre de construction ne se trouve dans toute sa perfection que dans les pays les plus civilisés et les plus florissans, et doit être rangé parmi les travaux de l'homme les plus remarquables. Les routes, en mettant en rapport les différentes parties d'un même état entre elles, et ouvrant des communications avec les états voisins, facilitent les échanges, augmentent les produits en multipliant les demandes, sollicitent une circulation plus active des capitaux ainsi que des produits de l'agriculture et de l'industrie, et jointes à un bon système de monnaies et de poids et mesures, ont une grande part aux conditions du commerce, et contribuent puissamment aux progrès de la civilisation.

Les *chemins de fer*, ce grand moyen de transport qui, de nos jours avec la *navigation à vapeur*, a fait pour ainsi dire disparaître les distances, sont ordinairement composés d'un double rang de barres parallèles, posées sur des blocs de pierre ou de bois qui les soutiennent élevées au-dessus du sol. Ces barres sont écartées de la largeur de la voie d'une voiture, et c'est sur elles que roulent les roues retenues par des abords fixés sur leur circonférence. Plusieurs ont une *double voie*, comme celui de *Saint-Etienne* à *Lyon*. Ce qui rend ces chemins si coûteux, c'est qu'il faut éviter les pentes, afin de conserver leur niveau aussi horizontal que possible, surtout lorsqu'ils doivent être parcourus exclusivement par des *locomotives*, ou des voitures mises en mouvement par la force de la vapeur de l'eau. L'Angleterre, les États-Unis ou la confédération Anglo-Américaine, la confédération Germanique, la France, l'empire d'Autriche, le royaume de Belgique, sont les états qui jusqu'à présent offrent le plus grand nombre de chemins de fer.

Chapitre VIII.

Des grandes divisions du globe, de leur superficie et du nombre de leurs habitans.

La surface de la planète que nous habitons étant couverte d'eau et de parties solides, qui s'élèvent au-dessus du niveau de la première, présente d'abord deux divisions principales : celle des *terres* et celle des *eaux*. Celles-ci forment l'*Océan* et les *mers* qui en dépendent. Les terres, réunies en différens groupes, forment ce que l'usage a nommé depuis longtemps les *parties du monde*.

Les parties du monde sont l'habitation ordinaire de l'homme et des animaux terrestres et aériens.

Les anciens, qui n'avaient exploré que la plus petite portion de la Terre, l'avaient partagée en trois parties, dont aucune ne leur était connue intégralement, et qu'ils nommèrent *Europe*, *Asie* et *Afrique*. Après la découverte du Nouveau-Monde, les géographes en ajoutèrent une quatrième qu'ils nommèrent *Amérique*.

Les géographes modernes ont proposé plusieurs divisions générales, dont aucune n'a été universellement adoptée. Après avoir médité sur ce sujet, il nous paraît que les divisions suivantes méritent la préférence, surtout ayant pour base ce que nous avons dit en parlant des *continens* dans le chapitre des définitions géographiques. Le tableau suivant offre les *six parties du monde*, avec l'indication des trois grandes divisions auxquelles elles appartiennent.

TABLEAU

Des grandes divisions du globe par mondes et parties du monde.

Ancien Monde, ou Continent Ancien, subdivisé en *Europe*, *Asie* et *Afrique*

NOUVEAU MONDE, ou CONTINENT NOUVEAU, qui comprend l'*Amérique* proprement dite (Amérique du Sud) et la *Colombie* (Amérique du Nord).

MONDE MARITIME, ou CONTINENT AUSTRAL, qui, avec ses dépendances, forme l'*Océanie*, subdivisée en *Australie* (Continent Austral), *Malaisie*, *Polynésie* et *Terres-Antarctiques*.

L'*Océan* avec les *mers* qui en dépendent occupe les trois quarts de la surface du globe, et est la demeure ordinaire des poissons, des cétacés, des mollusques et des zoophytes ; l'homme ne l'habite que temporairement et ne le parcourt qu'à l'aide des navires, en s'aidant de la connaissance des astres, de la force des vents, des courans et, depuis quelque temps, de celle de la vapeur.

Il n'y a sur notre globe, à proprement parler, qu'une seule mer, un seul fluide continu répandu autour des terres, et qui paraît s'étendre d'un pôle à l'autre, en couvrant à-peu-près les trois quarts de sa surface. Tous les golfes, toutes les méditerranées ne sont que des parties détachées, mais non pas séparées de cette mer universelle, que nous proposons de nommer *Océan Général*. Ce n'est que pour plus de commodité dans l'usage ordinaire que l'on distingue différentes sections de l'Océan, auxquelles on a donné des noms différens. Ces divisions et leurs dénominations sont incomplètes et offrent encore beaucoup d'incertitude, parce que les géographes et les auteurs de systèmes ne sont pas d'accord entre eux. Regardant comme une peine inutile le soin de les mettre d'accord, nous ferons observer qu'à la simple inspection d'un globe terrestre, on voit que l'Océan n'offre que cinq sections qu'on puisse regarder comme principales, et auxquelles nous proposons de donner la qualification d'*Océans Particuliers*. Ces divisions sont : le *Grand-Océan*, ainsi nommé à cause de son immense étendue ; il a pour bornes l'Asie, la Malaisie (Archipel-Indien), l'Australie (Nouvelle-Hollande) et le Nouveau-Continent ; l'*Océan-Atlantique*, qui sépare l'Europe et l'Afrique des deux Amériques ; l'*Océan-Indien*, qui s'étend entre l'Afrique, l'Asie-Méridionale, la Malaisie et l'Australie ; l'*Océan-Arctique Glacial*, renfermé par les extrémités boréales de l'Ancien et du Nouveau-Continent ; et l'*Océan-Antarctique Glacial*, qui n'est à proprement parler que la continuation du Grand-Océan, de l'Océan-Indien et de l'Atlantique, et qu'on pourrait faire commencer au cercle polaire antarctique, pour l'étendre jusqu'au pôle de cette dénomination. Quelques géographes subdivisent l'Océan-Atlantique et le Grand-Océan, en trois parties, en désignant par le surnom d'*équinoxiale* celle qui est comprise entre les tropiques, et en appliquant aux deux autres les surnoms de *boréale* et d'*australe*, d'après leurs positions astronomiques.

L'Océan Général, en pénétrant dans l'intérieur des terres, forme des *mers méditerranées*, des *golfes*, des *manches*, des *détroits*, des *ports*, des *havres*, etc. Le lecteur connaît déjà ce que sont ces dernières subdivisions de l'Océan ; nous allons maintenant voir ce que l'on doit entendre par *mer méditerranée*, et par *golfe*.

Il y a trois espèces de *mers méditerranées* : les unes sont presque entièrement entourées par les terres des continens, et ne communiquent avec l'Océan que par une ouverture peu large, nommée *détroit;* celles-ci peuvent être considérées comme des *mers méditerranées* proprement dites. La plus célèbre est celle qui communique avec l'Océan par le détroit de Gibraltar et qu'on nomme exclusivement la *mer Méditerranée*. La *mer Baltique*, malgré sa triple ouverture, est aussi une autre méditerranée proprement dite. Il en est d'autres, dont l'enceinte est formée par des continens et des îles, ou par plusieurs rangées d'iles, et qui communiquent par conséquent avec l'Océan par plusieurs détroits ; M. Walkenaer propose de les appeler *mers méditerranées percées* ; il nous semble qu'il serait préférable de les désigner sous le nom de *mers méditerranées à plusieurs issues*. Les deux mers de cette espèce les plus remarquables sont : la *méditerranée Colombienne* formée par la côte du Nouveau Monde, depuis la Floride, dans les États-Unis, jusqu'au golfe de Paria, dans la Colombie, et par l'archipel des Antilles ; et la *méditerranée Asiatico-Orientale* formée par le continent Asiatique et les îles qui s'étendent depuis le cap Lopatka, dans le Kamtchatka, jusqu'au cap Romania, dans la péninsule de Malacca. Enfin, plusieurs mers ne sont que des enfoncemens très larges de l'Océan, entre des côtes très écartées, et pourraient être désignées par le nom de *mers méditerranées ouvertes;* la *mer de Guinée*, sur la côte d'Afrique, celle de *Panama*, entre l'Amérique du Nord et l'Amérique du Sud ; la *mer d'Oman* ou d'*Arabie* et celle du *Bengale* au sud de l'Asie, sont les mers de ce genre les plus remarquables.

Lorsque l'Océan ou les mers pénètrent dans les terres et forment des enfoncemens trop peu considérables pour mériter le nom de mers, ces enfoncemens ou ces avances se nomment *golfes;* et comme les golfes ne sont à proprement parler que de petites méditerranées, on devrait même les diviser en *golfes proprement dits*, en *golfes à plusieurs issues* et en *golfes ouverts*. Parmi les premiers, toujours resserrés à leur entrée, les plus célèbres sont : le *golfe Arabique*, nommé de temps immémorial *mer Rouge;* le *golfe Persique*, le *golfe de Venise*, dit communément *mer Adriatique;* le *golfe d'Azof* et le *golfe de Zuydersee*, auxquels l'usage, par un étrange abus de mots, a donné le titre de mers ; les *golfes de Bothnie* et de *Finlande*, etc., etc. Parmi les *golfes à plusieurs issues*, on peut nommer en Europe ceux de l'*Archipel* et de *Marmara,* qualifiés improprement du titre de mers ; le *golfe de Tonquin* en Asie, seulement en partie fermé par l'île de Haïnan; celui de *Saint-Laurent,* en Amérique, que cernent les côtes du continent et celles des îles Terre-Neuve et Cap-Breton (Royale). Les *golfes ouverts* les plus remarquables sont : le *golfes de Gascogne,* entre la France et l'Espagne, en Europe; les *golfes de Cambaye* et de *Siam,* en Asie, et celui de *Carpentarie,* dans le Continent-Austral (Nouvelle-Hollande).

Nous avons rédigé le tableau suivant pour offrir l'ensemble des principales divisions hydrographiques du globe. On y voit d'un coup-d'œil les cinq grandes divisions de l'Océan et leurs subdivisions les plus remarquables.

TABLEAU
des principales divisions hydrographiques du Globe.

OCÉAN ATLANTIQUE.

PARTIE ORIENTALE, qu'on pourrait nommer EUROPÉO-AFRICAINE; elle offre les subdivisions suivantes :

La MER DU NORD (d'Allemagne), à laquelle appartiennent le *Zuydersee,* le *Cattegat,* la *mer Baltique* avec ses *golfes de Bothnie, de Finlande* et *de Livonie.*

La MER D'IRLANDE OU DE SAINT-GEORGE.

La MANCHE.

La MER HISPANO-FRANCIQUE, dont l'enfoncement le plus remarquable est le *golfe de Gascogne.*

La MÉDITERRANÉE proprement dite, dont les subdivisions principales sont les *golfes de Lion* et *de Gênes,* les *mers de Toscane* et *de Sicile,* les *mers Ionienne* et *Adriatique,* l'*Archipel* proprement dit, la *mer de Marmara,* la *mer Noire* avec son golfe improprement appelé *mer d'Azof* (Azov); le *golfe de Sidre* formé par la côte de la Berberie, en Afrique.

La MER OUVERTE DE GUINÉE n'offre que deux enfoncemens remarquables, nommés *golfes de Benin* et *de Biafara.*

PARTIE OCCIDENTALE ou AMÉRICAINE ; elle offre les subdivisions suivantes :

La MÉDITERRANÉE ARCTIQUE ou la MER DES ESQUIMAUX, qui comprend la *mer d'Hudson* et ses golfes ; la *mer de Baffin*, ou il faut distinguer au moins le *golfe Boréal* ou la *baie de Ross*, le *détroit de Lancaster-Barrow*, le *détroit du Prince Régent* avec le *golfe de Bouthia.*

Le GOLFE DE ST.-LAURENT.

La BAIE FUNDY, dite autrefois BAIE FRANÇAISE.

La BAIE DELAWARE.

La MÉDITERRANÉE-COLOMBIENNE, où il faut distinguer : le *golfe du Mexique* avec les *baies de Campêche* et *de la Floride ;* la *mer des Antilles* avec ses *golfes de Honduras,* de *Darien*, de *Maracaïbo.*

GRAND OCÉAN.

PARTIE ORIENTALE, qu'on pourrait appeler ASIATICO-OCÉANIENNE; il faut y distinguer :

La MER DE BERING avec le *golfe d'Anadir*, en Sibérie.

La MÉDITERRANÉE ASIATICO-ORIENTALE, subdivisée en *mer d'Okhotsk* (mer de Tarrakaï), *mer du Japon* , *Toung-haï* (mer Orientale), *Houanghaï* (mer Jaune), et la *mer de la Chine* avec ses *golfes de Tonquin* et *de Siam.*

La MER DE JAVA.

La MER DE CELEBES.

La MER DE SOULOU, dite *mer de Mindoro* ou *des Philippines.*

La Mer de Lanchidol ou des Moluques, avec le *golfe de Carpentarie* (Lamkaï), dans l'Australie.

La Mer de Corail.

PARTIE OCCIDENTALE ou AMÉRICAINE; on doit y distinguer au moins les subdivisions suivantes :

La Mer de Bering, dont nous avons vu que la partie orientale appartient au Continent Ancien et proprement à l'extrémité de l'Asie; elle offre deux enfoncemens remarquables nommés *golfes de Norton et de Bristol.*

La Méditerranée ouverte de Cook, avec l'*Entrée de Cook.*

Le Golfe de Californie (mer Vermeille; mer de Cortès).

La Méditerranée ouverte de Panama, avec ses deux *golfes de Tehuantepec et de Panama.*

Le Golfe de Chonos.

OCÉAN INDIEN.

Dans cet Océan on doit distinguer au moins les parties suivantes :

Le Canal de Mozambique.

Le Golfe d'Oman, avec ses subdivisions connues sous les noms de *golfe Arabique* ou *mer Rouge*, *golfe Persique* et *golfe de Cambaie.*

Le Golfe de Bengale, avec le *golfe de Bengale* proprement dit, le *golfe de Martaban*, et le *détroit de Malacca.*

La Mer Java-Australienne, entre Java, Timor et l'Australie.

La Mer ouverte Australienne, dans la côte méridionale de l'Australie, avec ses *golfes de Spencer* et *de Saint-Vincent.*

OCÉAN ARCTIQUE GLACIAL.

PARTIE ORIENTALE ou ASIATICO-EUROPÉENNE; on doit y distinguer les parties suivantes :

La Mer Sibérienne Centrale, avec les *baies Borghaï* et *Khatansk.*

La Baie Taïmourska, en Sibérie.

La Mer Sibérienne-Occidentale, avec les *golfes du Ienisseï* et *de l'Obi* et celui bien plus vaste de *Kara*, décoré du titre de *mer.*

La Mer Tcheskaïa-Vaïgatz, avec la *baie Tcheskaïa.*

La Mer Blanche, avec les *baies de Mezen, d'Arkhangel, d'Onega* et *de Kandalaskaïa.*

Le Golfe de Waranger.

PARTIE OCCIDENTALE ou AMÉRICAINE; on doit y mentionner au moins les enfoncemens suivans :

Le Golfe de Kotzebue, coupé par le cercle polaire.

Le Golfe de Mackenzie.

Le Golfe du Couronnement de George IV.

La Mer du Roi Guillaume, qui communique avec le *golfe de Bouthia*, subdivision de la Méditerranée Arctique.

Le Détroit de Lancasten-Barrow, autre subdivision de la Méditerranée Arctique.

OCÉAN ANTARCTIQUE GLACIAL.

Cette partie de la grande mer commence au cercle polaire antarctique et s'étend jusqu'au pôle austral. Naguère encore presque entièrement inconnue, elle n'offre encore aucune mer, ni aucun golfe assez remarquables pour que nous les nommions dans ces Élémens.

La *mer Caspienne*, la *mer d'Aral*, la *mer Morte*, etc., ne doivent pas figurer dans le tableau qui précède. Ce ne sont, à proprement parler, que de *grands lacs*, qui n'ont aucune communication, ni immédiate, ni médiate avec l'Océan et les mers qui en dépendent. Quelque grande que soit leur étendue, ils ne cessent pas pour cela de figurer parmi les nappes d'eau qui forment les *Caspiennes* définies à la page 23.

Nous avons vu à la page 9 que la superficie du globe est de 148 521 600 milles carrés (275 040 000 kil.), ou en nombres ronds de 148 522 000 milles carrés. La somme de toutes les terres connues étant approximativement de 37 673 000 milles carrés (129 194 101 kil.), le reste, ou 110 849 000 milles carrés (380 140 603 kil.), indiquera la surface de toutes les mers du globe. Les *terres* sont donc aux *mers* comme 37 673 000 est à 110 849 000, ou approximativement comme 1 à 3; mais les *terres* comparées à la totalité de la *surface du globe* ne forment que le *quart* de sa superficie.

On ne connaît pas exactement la *population du globe;* mais on a le moyen de la déterminer d'une manière approximative. Les recherches auxquelles nous nous sommes livré pour connaître la *population du globe* au commencement de 1827, ne nous ont donné pour résultat définitif que 739 millions. C'est cette somme que l'on a prise pour base de toutes les estimations faites dans cet ouvrage. Dans la préface nous avons exposé les motifs qui nous ont engagé à ne pas introduire des données plus récentes dans l'évaluation des populations des états et des pays compris dans le domaine de la statistique, bien qu'aujourd'hui ils offriraient des populations plus élevées que celles qu'ils possédaient à la fin de 1826.

Le tableau suivant offre la surface et les populations absolue et relative des grandes divisions du globe; dans l'Océanie on n'a pas tenu compte des Terres Antarctiques découvertes depuis 1826, à cause de l'incertitude qui règne sur leur étendue.

TABLEAU STATISTIQUE

Des grandes divisions du globe.

GRANDES DIVISIONS.	SUPERFICIE en milles carrés.	SUPERFICIE en kilom. carrés.	POPULATION Absolue.	POPULATION Relative p. mil. carrés.	POPULATION Relative p. kil. carrés.
ANCIEN MONDE ou ANCIEN CONTINENT.	23,427,000	80,339,506	680,000,000	29	8,4
dont en *Europe*. . .	2,793,000	9,578,189	229,200,000	82	23.9
Asie. . . .	12,118,000	41,556,927	390,000,000	32	9.3
Afrique. . .	8,500,000	29,149,519	60,000,000	7	2
NOUVEAU-MONDE, dit aussi NOUVEAU CONTINENT, ou les *Deux Amériques*.	11,146,000	38,223,594	39,000,000	3.5	1
MONDE MARITIME ou CONTINENT AUSTRAL, qui avec ses dépendances forme l'*Océanie*.	3,100,000	10,631,001	20,300,000	6.5	1,9
TOTAL pour le globe. . .	148,522,000	509,334,705			
Partie occupée par les mers.	110,849,000	380,140,603			
Partie occupée par les terres.	37,673,000	129,194,101	739,000,000	19.6	5,7

Chapitre IX.

Idée générale de la distribution géographique des êtres sur la surface de la Terre.

La Terre, que nous avons vue dépendante du système solaire, est soumise dans ses mouvemens annuels à l'influence plus ou moins directe de la lumière et de la chaleur émises par le soleil; il en résulte pour tous les êtres créés qui la recouvrent, une série d'actions dont les règles précises influent profondément sur les animaux des classes inférieures, tous soumis à la *distribution géographique*. Les animaux supérieurs, modifiés par l'homme, sont les seuls qui puissent être en quelque sorte changés par une autre série de phénomènes, que l'on nomme *naturalisation*. Chaque être a donc été destiné à vivre sous telle ou telle latitude, sous tel degré de longitude, et ne transgresse jamais impunément cette loi universelle de la nature, voulue par l'organisation, les habitudes et les appétits qui lui ont été donnés pour attribut spécial en naissant. Il en résulte que chaque continent, chaque île, soumis aux mêmes influences atmosphériques, produisent les mêmes êtres : de là les divisions généralement admises de climats ou zones au nombre de cinq, savoir : la *torride*, les deux *tempérées* et les deux *polaires*, *arctique* et *antarctique*. A ces grandes divisions se rattachent toutes les combinaisons secondaires de la dispersion des animaux et des végétaux sur l'écorce du globe; mais on conçoit que les circonscriptions de mers, de montagnes et par conséquent de bassins, viennent encore restreindre l'influence générale et y apporter de nombreuses modifications de détails.

Les *minéraux*, les *métaux* et les *gemmes*, corps inorganiques, constituant ce que l'on est convenu d'appeler le *règne minéral*, ne sont point soumis aux lois de la climature, et par conséquent sont répartis indifféremment dans la masse du globe, et seulement dans des localités voulues, nommés *gisemens*, dépendans des lois de formation.

Il n'en est pas de même des végétaux. La force productive de la nature reposant essentiellement sur la chaleur moyenne du sol, et l'élévation du terrain produisant sur cette chaleur les mêmes effets que la distance de l'équateur, il en résulte que les plantes des plaines du Nord croissent entre les tropiques sur les montagnes, et que la végétation devient toujours plus forte et plus riche du sommet des monts aux bords de la mer et des pôles à l'équateur. Ainsi Tournefort trouva-t-il au pied du mont Ararat les végétaux ordinaires de l'Arménie, au milieu ceux de l'Italie et de la France, et plus haut ceux de la Scandinavie. Le petit nombre des plantes qui croissent à toutes les latitudes, telles que la *chicorée*, l'*oseille*, le *cresson*, etc., etc., se trouvent aussi à toutes les hauteurs ; toutes les autres se classent par *régions végétales*. L'illustre botaniste Schow a eu l'heureuse idée de partager toute la surface terrestre du globe en 25 *royaumes phythographiques*, à chacun desquels il imposa un double nom : l'un *botanique* ou *géographique*, formé des noms des plantes qui y sont les plus nombreuses, ou de la position géographique de son territoire ; l'autre *historique*, emprunté aux noms des botanistes les plus célèbres.

La plus vaste de ces vingt-cinq régions phytographiques nous paraît être le *royaume des Ombellifères* et *des Crucifères* ou le *royaume de Lynée*. Il embrasse presque toute l'Europe, un tiers de l'Asie et plus d'un quart de l'Amérique Septentrionale. Le *royaume des Escallonea* et *des Calceolaria* ou le *royaume de Ruiz-et-Pavon*, beaucoup moins étendu que les *royaumes des Palmes* et *des Melastomes* ou de *Martius*, des *Scimitanées* ou de *Roxburgh*, de l'*Afrique Équatoriale* ou d'*Adanson* et de plusieurs autres, est cependant un des plus remarquables à cause de l'énorme altitude de son sol, dont le point le plus bas est à 1 500 toises (2 923,6 mètres) au-dessus du niveau de la mer ; c'est le plus élevé de tous les royaumes botaniques, même plus que le *royaume Emodique* ou de *Wallich*, qui embrasse les hautes vallées de l'Himalaya, mais dont l'altitude est inférieure à la sienne, celle de ce dernier royaume oscillant entre 666 et 1 666 toises (1 398 et 3 347,1 mét.). Le royaume de *Ruiz-et-Pavon* embrasse les parties les plus élevées des vallées des Andes, dans les républiques Bolivio-Péruviennes et Colombiennes, comprises entre le 20° parallèle sud et le 5° nord.

Les *animaux zoophytes*, qui vivent dans la mer, sont d'autant plus nombreux qu'on se rapproche davantage de l'équateur. Ils sont établis, sans aucune distinction, tout autour du globe et forment une sorte de ceinture naturelle. Il en est de même d'un grand nombre de *mollusques marins*. Cependant, à mesure qu'on s'élève en latitude, leur nombre diminue ou leurs espèces changent et font place à d'autres.

Les *poissons marins* sont évidemment soumis à cette grande loi. Ceux du nord diffèrent complétement de ceux du midi, et les espèces australes semblent habiter les hautes latitudes, aussi bien que sur les côtes de l'Australie (Nouvelle-Hollande), de l'Afrique, que de l'Amérique. Quant aux poissons équatoriaux, ceux qui sont saxatiles, comme les *scares*, les *perches*, etc., etc., éprouvent davantage le besoin de l'abri des terres et des plages échauffées, et, par conséquent, varient dans leurs distributions suivant les attérages, bien qu'un très grand nombre se retrouve aussi bien à O-taïti, au milieu de la mer du Sud, qu'à l'île Maurice, dans l'Océan-Indien.

Les *insectes* et les *reptiles*, extraordinairement communs sous l'équateur, diminuent en nombre graduellement à mesure qu'on avance vers les pôles. Mais leur multiplication demandant impérieusement l'union de la chaleur et de l'humidité, il en résulte qu'ils sont moins communs dans les lieux où ces deux circonstances ne se présentent point réunies.

Quant aux *oiseaux*, leurs espèces sont d'autant plus riches et à parures d'autant plus somptueuses, qu'ils appartiennent aux zones équatoriales. Mais, dans nulle classe, les démarcations ne sont plus sensibles, suivant les contrées, leur exposition, leurs barrières, et, sous ce rapport, ces êtres sont soumis à des démarcations géographiques parfaitement tracées, auxquelles n'échappent même pas les oiseaux migrateurs. Cependant quelques espèces semblent être cosmopolites, et c'est ainsi que certains oiseaux d'eau se retrouvent sur les rivages de toutes les contrées.

Les *mammifères* seuls sont assez bien répartis, quant au nombre, sur tous les points de la Terre; mais il n'en est plus de même par rapport à la taille. Les plus puissans vivent dans les immenses forêts vierges de l'équateur, ou dans les abîmes des mers, ou enfin sur les confins du monde dans les zones glaciales.

Plusieurs quadrupèdes, par leur extension à-peu-près générale, éludent les lois d'une classification géographique. Ces quadrupèdes sont ou en *état de domesticité*, ou dans l'*état sauvage*. A la première classe appartiennent le *chien*, le *bœuf*, la *brebis*, la *chèvre*, le *cheval*, l'*âne*, le *cochon* et le *chat*. Enlevés des lieux qui les virent naître, et pliés à la domesticité, ces animaux se sont habitués à des climats peu adaptés à leur organisation; cependant l'*âne* paraît supporter le froid moins que les autres. A la seconde classe appartiennent le *rat*, la *souris*, l'*ours*, le *renard*, le *lièvre*, le *lapin*, le *cerf*, le *daim*, l'*écureuil* et l'*hermine*. Les *rats* et les *souris*, nos parasites incommodes, s'embarquent aussi dans nos navires et passent sans danger tant l'équateur que les cercles polaires; cependant on assure, qu'il n'y en a point au Groënland, ni dans la partie la plus septentrionale de la Laponie, non plus qu'en Sibérie au-delà du 61e parallèle,

Les plus grands quadrupèdes, l'*éléphant*, le *rhinocéros*, l'*hippopotame*; les carnivores les plus redoutables par leur force et leur férocité, le *tigre*, la *panthère*, le *lion*, le *léopard*, l'*hyène*, l'*once*, ne vivent que dans la zone torride, où l'on trouve aussi les espèces si variées et si nombreuses des *singes* et un grand nombre de reptiles, parmi lesquels on doit nommer surtout le *boa* de l'Amérique et le *python* de la Malaisie, qui sont les géans des serpens, le terrible *crotalus* et la *vipère jaune* des Antilles, qui en sont les plus venimeux ; les énormes *caïmans* du Nouveau-Monde, les féroces *crocodiles* de l'Ancien, et les *tortues* gigantesques de la Malaisie. Là vivent encore quelques animaux remarquables par des mœurs douces et par leurs formes, comme la *gazelle*, la *girafe*, le *zèbre*, le *chameau* et le *dromadaire*, tous dans l'Ancien-Continent ; la *vigogne* et le *lama*, dans le Nouveau ; mais la station de ces derniers est dans les Andes, et par conséquent dans un climat tempéré. C'est dans les régions intertropicales que vivent les plus grands oiseaux, l'*autruche*, le *casoar* et le *condor*, et en même temps les plus petits, comme les *oiseaux-mouches* et les *colibris*, les nombreuses espèces de *perroquets* et ces *oiseaux de paradis*, si remarquables par la beauté de leur plumage. Dans cette même zone demeurent les *dydelphes* de l'Amérique et l'*ornithorhynque* de l'Australie, véritable *paradoxe des quadrupèdes* qui, par son bec et par quelques autres particularités organiques, lie cette classe d'animaux à celle des oiseaux. Dans les zones tempérées, les grands animaux carnassiers et nuisibles disparaissent ou diminuent ; mais on y trouve en retour, même dans les classes inférieures du règne animal, des êtres éminemment utiles, tels que le *ver-à-soie*, dont l'éducation forme la richesse de tant de pays ; les *sangsues* et les *cantharides*, qui jouent un si grand rôle dans la thérapeutique. C'est dans la partie la plus froide de la zone tempérée boréale, que vit le plus grand nombre des *martres* et des *hermines*, si utiles par leurs précieuses fourrures. Enfin, la zone glaciale boréale est le séjour favori du redoutable et féroce *ours blanc* ; mais aussi du *renne*, paisible et utile compagnon de l'homme dans ces régions hyperboréennes, tandis que les abîmes de l'Océan y recèlent ces énormes *cétacés*, qui sont les colosses de la création animale.

L'homme, l'objet le plus complexe et le plus jeune de la création, prit naissance, selon quelques célèbres naturalistes, sur les hauts plateaux de notre planète ; ses essaims variés et typiques s'irradièrent de ce centre et descendirent successivement dans les vallées, en s'avançant par de hautes latitudes. Son existence une et indivisible est loin d'offrir les espèces qu'on a voulu admettre, et rien ne légitime cette multiplication de noms caractéristiques appliqués à de simples variétés. Partout l'homme s'est plié aux climats auxquels il a été soumis, et ses mœurs, sa manière de vivre, et jusqu'à son intelligence en ont été influencées et modifiées. Pasteur ou pêcheur, nomade ou sédentaire, vivant en familles indépendantes ou en corps de nations, l'homme peut produire avec toutes les variétés de son espèce répandues dans le monde, et les individus qui proviennent de ce croisement ont leurs caractères de race adoucis, et leurs traits natifs qui s'effacent. Les noms de races ne peuvent donc servir qu'à désigner des modifications de l'espèce soumise aux lois de la distribution géographique.

Chapitre X.

Des principales classifications du genre humain.

Parmi le grand nombre de classifications que l'on a faites jusqu'à présent, les quatre suivantes méritent la préférence sous plus d'un rapport, malgré les incertitudes et le vague qui accompagnent encore les deux premières.

Ire CLASSIFICATION

basée sur les différences physiques.

Malgré les travaux des géographes et des naturalistes, cette classification offre encore les plus grandes incertitudes. Un zoologue illustre, M. Serre, terminait naguère son rapport à l'Institut par ces paroles mémorables : « En dépit des variétés anatomiques que l'on signale dans la saillie de quelques parties du crâne, dans l'aplatissement de certains traits du visage, et même dans le développement plus ou moins grand des organes génitaux, nous pensons que les savans n'ont encore rien inventé de mieux que le récit que nous fait la Bible de la naissance du premier homme sortant des mains de Dieu, et peuplant la Terre par l'émigration des générations successives provenant de cette souche unique! » Fort de cette imposante autorité, nous nous bornerons à la simple indication des *races* ou *variétés*, proposée depuis longtemps par le célèbre Blumenbach ; elle nous paraît encore celle qui offre le moins d'inconvéniens dans son adoption. Le tableau suivant offre les *cinq variétés* dans lesquelles cet illustre naturaliste a partagé le genre humain

TABLEAU

des variétés de l'espèce humaine.

RACE CAUCASIENNE ou BLANCHE. Elle embrasse tous les peuples regardés comme BLANCS, malgré les nuances parfois très considérables qu'offre leur teint. A cette classe appartiennent les *Européens* et leurs descendans répandus dans toutes les parties du monde, les *Arabes*, les nations *Caucasiennes*, les *Persans*, les *Hindous* (Indiens), les habitans des *Régions Sahra-Atlas* et *du Nil* en Afrique, à l'exception des peuplades Nègres qui vivent à côté d'eux, etc., etc.

RACE MONGOLE ou JAUNE. Elle embrasse tous les peuples de l'Asie qui vivent à l'est de l'Obi, du Belour-Tag, du Gange et de ses affluens à la gauche, à l'exception des Malais et des nations comprises dans la variété Blanche. Les *Mongols*, les *Chinois*, les *Tibetains*, les *Mantchoux*, les *Japonais*, ainsi que les peuples de l'Inde-Ultérieure ou Transgangétique en sont les nations principales ; les *Mongols* en sont même regardés comme le type.

RACE AMÉRICAINE ou CUIVRÉE. Elle comprend toutes les nations indigènes des deux Amériques. Ici nous ferons observer que dans le Nouveau-Monde il y a plusieurs peuples qui ont infiniment plus d'analogie sous le rapport des traits et du teint avec les races Blanche, Mongole et Malaise, qu'avec toute autre nation Américaine.

RACE MALAISE ou OLIVATRE. Elle comprend tous les peuples Malais, qui forment la population principale de la Malaisie (Archipel Indien) et de la Polynésie dans l'Océanie, ainsi que les peuples *Malais* de l'île de *Madagascar* en Afrique, de l'île *Formose*, de la *Péninsule de Malacca* et d'autres fractions de l'Asie.

RACE ETHIOPIENNE, AFRICAINE ou NOIRE. Cette race comprend, non-seulement tous les *Nègres* de l'*Afrique*, mais aussi les *peuplades* véritablement *noires* de quelques *contrées* de l'*Asie* et tous les *Nègres* de l'*Océanie*.

L'usage a imposé un grand nombre de dénominations particulières aux produits des mélanges des races principales. C'est ainsi qu'on appelle *Mulâtre* le produit d'un Blanc européen avec une Négresse ; *Métis*, celui d'un Européen avec une Hindoue ou femme de l'Inde ; *Mestice*, le produit d'un Européen avec une Américaine. On a donné le nom de *Zambo* à la race mélangée produite par un Nègre avec une Américaine. Les Européens d'origine, nés en Amérique, sont nommés *Créoles*.

IIe CLASSIFICATION

basée sur les différences offertes par l'état social.

Cette classification n'offre pas moins d'incertitudes que la précédente. Sans adopter les divisions erronées que l'on a faites sous ce rapport, nous nous bornerons à dire que, la civilisation offrant un grand nombre de nuances, les peuples qu'on regarde comme civilisés doivent aussi offrir entre eux des différences très grandes, lorsqu'on les considère sous le rapport de leur état social. Ainsi donc, bien loin de n'admettre, comme on le fait généralement, que les seuls peuples européens et leurs descendans dans la CLASSE DES PEUPLES CIVILISÉS, nous y rangerons aussi les *Chinois*, les *Japonais*, les *Hindous*, les *Persans*, les *Osmanlis* et autres nations, regardées à tort comme barbares. Nous donnerons la qualification de PEUPLES BARBARES à ceux qui n'ont ni écriture, ni littérature, ce qui leur est commun avec les *peuples sauvages;* mais nous les distinguerons de ces derniers, à cause des institutions qui les rapprochent des peuples qui sont au premier rang de la civilisation. Tels étaient les habitans des *îles de la Société* et de *Sandwich* avant d'avoir adopté le christianisme, et tels sont encore les *Araucans*, les *Carolins*, les *Tongas*, les *Viti*, les *Nouveaux-Zélandais*, etc., etc., qui persistent encore dans l'idolâtrie. Enfin, nous regarderons comme PEUPLES SAUVAGES les tribus chez lesquelles l'intelligence a acquis le moins de développement, dont les individus ne tiennent les uns aux autres que par le moindre rapport possible, et chez lesquelles les arts les plus nécessaires à la vie, ou n'existent pas du tout, ou se trouvent dans un état extrême d'imperfection. Tels sont les naturels de l'*Australie* (Nouvelle-Hollande), de la *Nouvelle-Calé-*

donie, ceux qui habitaient naguère encore la *Tasmanie* (île de Van-Diémen), les sauvages abrutis de la *Nouvelle-Californie*, etc., etc., qui n'ont aucune idée de l'agriculture, et chez qui la pêche ou la chasse ne se font qu'avec les moyens les plus imparfaits. Chacune de ces trois grandes divisions du genre humain peut être subdivisée à l'infini selon les nuances différentes de l'état social qu'elles représentent.

IIIe CLASSIFICATION

basée sur la différence des langues.

Les progrès faits par les études ethnographiques ont donné une assez grande précision à cette classification. Elle n'offre encore d'incertitude que là où l'ethnographie présente encore des lacunes. Cette classification est de la plus haute importance pour le géographe, parce que c'est d'après elle qu'il peut distinguer, les unes des autres, les nombreuses nations qui habitent la Terre.

Généralement parlant on peut prendre en trois acceptions différentes le mot *nation*, selon qu'on le considère sous le rapport historique ou politique, géographique et ethnographique ou généthlétique.

Sous le *rapport politique* ou *historique*, on donne le nom de *nation* à tous les peuples, quelque différens qu'ils puissent être relativement à la religion qu'ils professent, à la langue qu'ils parlent et au degré de civilisation auquel ils se sont élevés, lorsqu'ils sont soumis au même pouvoir suprême, ou en d'autres mots, lorsqu'ils forment dans leur ensemble un corps politique indépendant de tout autre, sous quelque titre que ce soit. C'est ainsi qu'on appelle *Russes, Autrichiens* et *Anglo-Américains* tous les nombreux peuples différens, dont la réunion forme les empires Russe et Autrichien et la confédération Anglo-Américaine. C'est ainsi qu'on donne le nom de *Français* à tous les habitans de la monarchie Française, quoiqu'il y en ait un grand nombre qui sont Celtes, Allemands, Basques et Italiens.

Sous le *rapport géographique*, on donne le nom de *nation* à tous les habitans d'une région qui a des confins géographiques, c'est-à-dire des confins naturels, indépendamment des divisions politiques auxquelles ils appartiennent et des langues différentes qu'ils parlent. C'est ainsi qu'on appelle *Indiens* tous les habitans de la vaste région comprise entre l'Himalaya et la mer des Indes, l'Indus et le Gange. C'est ainsi qu'on nomme *Italiens* tous les habitans de la fertile péninsule qui se développe à l'est et au sud des Alpes entre l'Adriatique et la Méditerranée.

Enfin, on donne le nom de *nation* aux habitans d'une contrée quelconque qui parlent une même langue et ses divers dialectes, indépendamment des grandes distances qui les séparent, de la différence des corps politiques dont ils font partie, de celle de la religion qu'ils professent, et de l'état différent de civilisation où ils se trouvent. C'est ainsi qu'on nomme *Espagnols, Portugais, Français* et *Anglais* tous les nombreux descendans des colons, que depuis trois siècles l'Europe a envoyés dans les différentes parties du globe.

Le nom de *nation*, dans le sens politique ou historique, est aussi variable que le sont les événemens qui changent si souvent la face de la Terre. Sans parler des grandes révolutions qui sont le sujet de l'histoire ancienne et moderne, n'avons-nous pas vu de nos jours de grandes contrées changer quatre ou cinq fois de domination, et par conséquent figurer sous autant de noms différens dans la liste des nations? Une division des peuples, fondée sur cette base, est donc la moins propre de toutes, étant la plus inconstante et la moins durable. Celle qui classerait toutes les nations de la Terre, en prenant cette appellation dans le sens géographique, quoique moins variable que la précédente, n'en serait pas moins impropre, puisqu'en offrant des divisions qui ne correspondent pas à celles de l'ethnographie, elles sont en outre presque toujours en opposition avec les divisions politiques, sans avoir pour cela l'avantage d'être invariables. Cette dernière qualité ne se retrouve que dans la division ethnographique.

La langue est le véritable trait caractéristique qui distingue une nation d'une autre ; quelquefois même elle en est le seul, puisque toutes les autres différences produites par la diversité des races, des gouvernemens, des usages, des mœurs, de la religion et de la civilisation, ou n'existent pas, ou bien offrent des nuances presque imperceptibles. Quelle différence essentielle présentent maintenant entre elles les principales nations de l'Europe, si ce n'est celle de la langue? Les progrès de la civilisation, la succession des changemens politiques, si fréquens de nos jours, et la multiplicité des rapports produits par le commerce et l'industrie, ont pour ainsi dire entièrement effacé ce qui constituait les nuances principales du caractère individuel de chaque nation européenne; quelle différence essentielle offrent entre elles les nations policées de l'Inde, de la Péninsule Transgangétique, de la Malaisie (archipel Indien), et la plupart des innombrables peuplades de l'Amérique, si ce n'est aussi celle de la langue différente que chacune d'elles parle, et qui fait qu'un *Malabar* diffère d'un *Telinga*, d'un *Bingali* et d'un *Maharatte;* un *Siamois* d'un *Péguan*, d'un *Birman* et d'un *Tonquinois*.

La *souche* ou *famille ethnographique* est un groupe de langues qui offrent entre elles une grande analogie. Elles présentent pour ainsi dire tant de traits de famille, qu'on leur reconnaît une origine commune, d'autant plus que l'histoire vient d'ordinaire à notre secours en nous indiquant les traces des migrations des peuples qui les parlent. Ces *langues-sœurs* constituent les *familles* ou les *souches ethnographiques.*

Les *dialectes*, généralement parlant, sont des manières différentes de prononcer une langue.

Les recherches que nous avons faites pour la rédaction de l'*Atlas ethnographique du globe* nous ont démontré qu'on peut faire monter au moins à 2 000 le nombre des langues connues. Quelque grand qu'il puisse paraître, ce nombre est bien loin d'être exagéré

L'état imparfait de l'ethnographie ne nous a permis de classer dans cet ouvrage que 860 langues, et environ 5 000 dialectes. De ces idiomes, 153 appartiennent à l'Asie, 53 à l'Europe, 115 à l'Afrique, 117 à l'Océanie, et 422 à l'Amérique.

Parmi ce nombre prodigieux d'idiomes quinze sont parlés ou compris par un plus grand nombre d'individus, ou bien étendent leur domaine sur un plus grand nombre de pays ; de ces quinze, six appartiennent à l'Asie, savoir, le *chinois*, l'*arabe*, le *turk*, le *persan*, l'*hébreu* et le *sanskrit* ; huit à l'Europe, savoir l'*allemand*, l'*anglais*, le *français*, l'*espagnol*, le *portugais*, le *russe*, le *grec* et le *latin*. L'Océanie n'offre que le *malais*.

IVe CLASSIFICATION

basée sur la différence des religions.

Cette classification est aussi importante que la précédente. Après avoir longtemps médité sur ce sujet difficile, nous croyons pouvoir ranger toutes les religions connues dans les trois classes suivantes :

1° *Religions* qui *reconnaissent le vrai Dieu ;*

2° *Religions* qui *reconnaissent l'existence d'un être suprême quelconque*, qui a créé et qui régit l'univers, quelles que soient d'ailleurs les formes différentes sous lesquelles cet être est représenté, et les noms divers qu'on lui donne ;

3° *Religions* dont des *objets du culte* sont, ou les *corps célestes*, ou des *êtres animés*, ou *tout autre corps existant à la surface* ou *à l'intérieur de la Terre.*

La PREMIÈRE CLASSE ne comprend que trois religions, savoir : le *Judaïsme*, le *Christianisme* et l'*Islamisme*. Le tableau suivant offre les divisions principales de ces trois religions.

JUDAISME.

Cette religion ne connaît d'autre révélation que celle qui a été faite au peuple de Dieu par Moïse et par les prophètes. Ceux qui la professent sont connus sous le nom de *Juifs* ou *Israélites*. Ses principales sectes sont : les *Talmudistes*, les *Rabbanistes* et les *Caraïtes*. Le plus grand nombre de Juifs vit maintenant en Europe, surtout dans les empires Russe, Autrichien et Ottoman ; en Asie, dans ce dernier empire, dans l'Arabie, dans l'Inde et autres contrées ; en Afrique, dans les régions de l'Atlas et du Nil ; en Amérique, on en compte seulement quelques milliers, et un nombre encore beaucoup moindre dans l'Océanie. Les *temples* des Juifs sont appelés *synagogues*.

CHRISTIANISME.

Cette religion, la même qui a été révélée par Dieu aux hommes dès le commencement du monde, a pour chef Jésus-Christ, qui, étant le centre des deux révélations, a institué une législation nouvelle, complément et perfectionnement de celle de Moïse. Le christianisme étend aujourd'hui sa salutaire influence sur les contrées les plus civilisées et dans toutes les parties du monde. C'est la religion la plus répandue sur le globe, et celle dont les missionnaires ont contribué et contribuent encore plus que les autres à répandre les bienfaits de la civilisation. Les *temples* des chrétiens sont appelés *églises*. Voici ses branches principales :

L'ÉGLISE CATHOLIQUE, dont le *pape* ou *souverain pontife* est le *chef suprême*. Elle étend son empire dans toutes les parties de la Terre. Nous verrons, dans les descriptions générales de chaque partie du monde, les pays où cette religion est professée. En attendant, nous ferons observer que, lorsqu'on considère toutes les communions religieuses dans leur plus grande pureté, c'est-à-dire lorsqu'on n'admet dans chaque croyance aucune divergence dans ses dogmes fondamentaux, le *catholicisme* est la *religion qui compte le plus grand nombre de croyans*. On doit rattacher à cette église une partie des *chrétiens* dits de *St-Thomas*, la plupart des *Maronites du Liban* et un grand nombre de *Grecs-Unis* et d'*Arméniens*. Ses missionnaires, dont l'admirable dévoûment a tant contribué à répandre ses préceptes sous tous les climats, précédant de plusieurs siècles les apôtres des autres églises chrétiennes, ont eu une part immense dans les paisibles conquêtes de la civilisation. C'est à la magnificence déployée dans les solennités du catholicisme, que l'architecture et les arts qui l'accompagnent sont redevables de leurs plus beaux monumens. Dans les siècles d'ignorance, plusieurs de ses monastères prirent une grande part au défrichement des terrains incultes, au dessèchement des marais, à la canalisation des eaux courantes et à d'autres grands travaux agricoles. Ces pieuses retraites nous conservèrent aussi les chefs-d'œuvre des Grecs et des Romains, maintinrent constamment allumé le flambeau sacré des sciences et des lettres, et furent pour les deux hémisphères autant de foyers, d'où les lumières se répandirent dans toutes les directions.

L'ÉGLISE GRECQUE ou D'ORIENT. Elle est partagée en quatre communions principales, savoir :

L'ÉGLISE GRECQUE, dite ORTHODOXE. C'est la religion dominante dans l'empire Russe et autres états de l'Europe Orientale. Les croyans de cette communion qui vivent dans l'empire Ottoman et dans les Iles Ioniennes, reconnaissent pour *chef spirituel* le *patriarche* de *Constantinople*.

L'ÉGLISE CHALDÉENNE ou NESTORIENNE dont les croyans sont nommés *Nestoriens*. Le plus grand nombre est dans l'Asie Ottomane.

L'ÉGLISE MONOPHYSITE ou EUTYCHIENNE divisée en trois branches principales :

Les *Jacobistes* dont le *patriarche* réside à *Karemid* dans le Diarbekir, dans l'Asie Ottomane ; une partie s'est réunie à l'Église Catholique.

Les *Coptes*, qui vivent dans l'Abyssinie, où ils sont dominans dans les plus puissans états, ensuite dans la Nubie et en Egypte. Leur *patriarche* réside au *Caire*.

Les *Arméniens*, qui forment une partie importante de la population de l'Arménie proprement dite, et se trouvent répandus en plusieurs autres pays de l'Asie, de l'Europe et de l'Afrique. Leur *patriarche* principal réside à *Etch-Miadsin* dans l'empire Russe. Une partie considérable s'est réunie à l'Église Catholique et vient de recevoir un *patriarche* qui réside à *Constantinople*.

L'Église Maronite dont les croyans vivent dans les montagnes du Liban et dans l'île de Chypre. Le plus grand nombre s'est réuni à l'Église Catholique. Leur chef est le *patriarche* d'*Antioche*, qui réside à *Cannobin* dans le Liban.

L'ÉGLISE LUTHÉRIENNE, ainsi nommée de *Luther*, son fondateur. Elle domine surtout avec la Calviniste et l'Anglicane dans toute la partie septentrionale de l'Europe Occidentale et dans un grand nombre de pays de sa partie Moyenne, comme aussi dans plusieurs parties de la confédération Anglo-Américaine et autres pays hors d'Europe.

L'ÉGLISE CALVINISTE, ainsi nommée de *Calvin*, son fondateur. La plupart de ses croyans vivent dans les mêmes régions que nous venons de nommer; mais un nombre très considérable vit aussi dans la France Méridionale, en Hongrie, etc., où l'on trouve aussi beaucoup de Luthériens.

En Ecosse et en Angleterre, dans les Colonies Anglaises et dans la confédération Anglo-Américaine, les *Calvinistes* se partagent en plusieurs branches, dont les principales sont :

Les Presbytériens, qui sont régis en affaires ecclésiastiques par une espèce de pouvoir aristocratique résidant dans les synodes.

Les Indépendans ou Congrégationalistes, qui rejettent le pouvoir des synodes, et parmi lesquels chaque communauté exerce par elle-même le pouvoir ecclésiastique.

De nos jours il s'est opéré dans plusieurs états, une fusion des deux *Églises Luthérienne* et *Calviniste*, en une seule, sous le titre d'Église Evangélique. Cette union eut lieu dans le duché de Nassau en 1817, et ensuite à Paris, à Francfort-sur-le-Mein, dans presque toute la monarchie Prussienne, dans une grande partie du royaume de Bavière, dans les grands-duchés de Bade et de Hesse, dans la Hesse Electorale, dans le duché d'Anhalt-Bernbourg, dans la principauté de Waldeck et dans d'autres parties de l'Allemagne.

L'ÉGLISE ANGLICANE, dite aussi ÉPISCOPALE. C'est la haute église établie en Angleterre depuis le règne de la reine Elisabeth. Ses croyans forment la grande masse de la population de l'Angleterre et une fraction assez considérable de celle de l'Irlande et de la confédération Anglo-Américaine. Dans les vastes colonies Anglaises, les Anglicans sont presque partout les plus nombreux des Chrétiens qui s'y trouvent établis.

Les Églises ou sectes suivantes comptent un moindre nombre de croyans, bien que depuis la fin du XVIIIe siècle elles font des progrès très considérables dans la monarchie Anglaise et dans la confédération Anglo-Américaine, surtout les *Méthodistes* et les *Baptistes*.

Les MENNONITES ou BAPTISTES, qui sont issus des trop célèbres *Anabaptistes*, dont ils désavouent les crimes et le nom. Les pays où ils sont le plus nombreux sont la confédération Anglo-Américaine, où l'on calcule qu'ils forment près d'un sixième de la population; viennent ensuite le Royaume-Uni, celui des Pays-Bas ou de Hollande, les provinces méridionales de l'empire Russe et les gouvernemens de Dantzik et de Marienwerder dans la monarchie Prussienne.

Les MÉTHODISTES qui sont très nombreux dans la monarchie Anglaise et dans la confédération Anglo-Américaine. Ils ont des établissemens florissans dans l'Inde, à Ceylan et dans plusieurs parties de l'Océanie, entre autres dans la Tasmanie (Nouvelle-Zélande) et dans l'archipel d'Havaïi (Sandwich).

Les FRÈRES MORAVES, dits aussi HERRNHUTERS de *Herrnhut*, petite ville du royaume de Saxe où réside leur collége directeur; on les appelle aussi *Quakers de l'Allemagne*, à cause de leur analogie sous plusieurs points avec les Quakers. Quoique en petit nombre, ils sont répandus dans toutes les parties du monde. On les retrouve au Groënland et au Labrador en Amérique, à Tranquebar dans l'Inde, dans la colonie du Cap de Bonne-Espérance, dans les Antilles, dans la Pennsylvanie où ils sont le plus nombreux.

Les UNITAIRES, dits aussi ANTI-TRINITAIRES et SOCINIENS, d'après *Lellio Sozzini*, leur fondateur. Le plus grand nombre vit en Transylvanie dans l'empire Autrichien; on en trouve aussi en Prusse dans la monarchie Prussienne, en Hollande, en Angleterre et aux États-Unis.

ISLAMISME.

Mahomet est le fondateur de cette religion, qui emprunta aux Juifs et aux Chrétiens une partie de leurs croyances. Tous les dogmes et les pratiques des croyans de cette religion, nommés *Musulmans* et *Mahométans*, sont renfermes dans le *Coran;* ce livre étant écrit dans la langue de l'Arabie, patrie de Mahomet, l'*arabe* est devenu la *langue sacrée* des Turks, des Persans et de toutes les nations musulmanes. Les *temples* des Mahométans sont nommés *mosquées*.

Les principales sectes de l'Islamisme sont :

Les SONNITES, qui dominent dans l'empire Ottoman, ses pays vassaux en Afrique, dans l'empire de Maroc, dans l'Algérie et autres pays de l'Afrique, dans l'Arabie, le Turkestan Indépendant et autres parties de l'Asie, dans la Malaisie ou Océanie Occidentale, etc. Les Sonnites comptent beaucoup de partisans parmi les tribus de race turque établies dans l'empire Russe et en Perse.

Les SCHYYTES sont dominans en Perse et comptent un grand nombre de partisans dans l'Inde et dans d'autres parties de l'Asie. On regarde comme des branches de cette secte, les NOSAÏRIS, les MOTUALIS et les DRUZES, qui vivent dans les montagnes du Liban dans la Syrie.

Deux autres sectes beaucoup moins nombreuses, mais importantes par le rôle qu'elles ont joué, doivent être mentionnées; ce sont celles des *Yesides* et des *Wahhabites*.

Les YEZIDES occupent les montagnes voisines de la ville de Singar dans le pachalik de Bagdad; leurs dogmes sont un mélange de plusieurs religions différentes.

Les WAHHABITES prirent naissance en Arabie vers le milieu du XVIIIe siècle, et prirent ce nom d'*Abd-Alwahhab*, leur fondateur. Annonçant l'intention de chasser de l'Arabie les Turks et les peuples étrangers à la presqu'île, ils eurent d'abord pour partisans tous les Arabes, et firent de grandes conquêtes; mais depuis les échecs que leur a fait éprouver Méhémet-Ali, vice-roi d'Egypte, ils ont été contraints de rentrer dans leurs déserts.

La SECONDE CLASSE offre sept religions principales, lorsque, avec Klaproth et autres savans orientalistes, on ne regarde le *lamisme* que comme une nuance, ou tout au plus une secte du Bouddhisme. Nous les offrons dans le tableau suivant :

BRAHMANISME.

Cette religion reconnaît *Para-Bráhma* pour dieu principal. Ses dogmes, écrits en sanscrit, sont contenus en plusieurs livres nommés *Véda*. Tous les membres de cette religion, répandue sur presque toute l'Inde, sont divisés dès la plus haute antiquité en *quatre castes*, entre lesquelles toute alliance est défendue. On appelle *pagodes*, les *temples* de cette religion, ainsi que ceux du Bouddhisme.

BOUDDHISME.

Le *Bouddhisme* ou la *religion de Bouddha* paraît s'être formé dans l'Inde vers l'an 1027, avant Jésus-Christ, en y empruntant au Brahmanisme ses dogmes principaux, mais en rejetant la division des castes. Cette religion est professée dans l'empire Birman, dans la Chine et autres régions de l'Asie; elle est aussi la religion de plusieurs milliers de sujets de l'empire Russe et d'un bien plus grand nombre dans l'Océanie Occidentale.

RELIGION DE CONFUCIUS.

La religion de Confucius, dont ce philosophe chinois est regardé comme le réformateur, est dite aussi la *doctrine des Lettrés;* l'empereur de la Chine en est le *patriarche*. Généralement parlant, tous les lettrés de la Chine et ceux de la monarchie An-namitique et de l'empire du Japon, s'attachent à cette religion, sans toutefois renoncer à des usages empruntés aux autres cultes.

CULTE DES ESPRITS.

Le *culte des Esprits*, ou le *naturalisme mythologique* de l'Asie Orientale, est la religion primitive des plus anciens habitans de la Chine. Ce culte s'est étendu au Japon, dans la Corée, chez les Tongouses et au Tonquin.

RELIGION DU SINTO.

Cette religion est la plus ancienne de celles qui dominent au Japon ; sa simplicité a été considérablement altérée depuis l'introduction du Bouddhisme. On nomme *mia* ses *temples*.

MAGISME.

Le *Magisme*, ou la *religion de Zoroastre*, dont la doctrine très ancienne est consignée dans le *Zend-Avesta*, livre écrit dans la langue morte, dite *zend*, se conserve encore parmi les *Parsis* ou *Guebres* dans le Kerman en Perse, à Bombay, à Surate et autres villes du Guzerate dans l'Inde, à Astrakhan, etc., etc., dans l'empire Russe.

NANEKISME.

Le *Nanekisme* ou la *religion des Seikhs* (Sikhs), instituée par *Nanek*, peut être regardé comme un mélange de Brahmanisme et d'Islamisme. Ce culte est professé par la grande masse de la population du Lahore dans l'Inde, et par tous les Seïkhs qui sont établis dans d'autres parties de cette vaste région de l'Asie.

La TROISIÈME CLASSE embrasse un grand nombre de religions; nous nous bornerons à mentionner les deux suivantes :

SABÉISME.

Le *Sabéisme* ou l'*adoration des corps célestes*, du soleil, de la lune et des étoiles, soit séparément, soit tous ensemble, est un système très ancien, répandu sur toute l'étendue du globe, même au Pérou ; il s'est mêlé avec toutes les autres religions, mais il n'existe plus sans mélange que chez quelques tribus isolées et placées bien bas dans l'échelle de la civilisation. Son nom vient des *Sabéens* ou *Sabiens*, ancien peuple de l'Arabie.

FÉTICHISME.

Le *Fétichisme* est l'*adoration* des *fétiches* (fetisso), expression employée par les Nègres des côtes occidentales de l'Afrique pour désigner les objets vivans ou inanimés de la nature, auxquels la peur, la reconnaissance ou quelque affection particulière engagent ces peuples à adresser une espèce de culte religieux. Tout ce qui les entoure, la nature entière, les élémens, les arbres, les fleuves, le feu, en un mot, tous les êtres chez lesquels ces hommes simples et ignorans observent des propriétés bienfaisantes ou malfaisantes qui leur paraissent incompréhensibles, sont les objets de leur culte. C'est celui des peuples qui sont placés au dernier degré de civilisation, et qui ont les idées les plus grossières de la Divinité et des rapports qui existent entre elle et l'homme. Mais ce culte offre une foule de nuances depuis les superstitions les plus absurdes des sauvages abrutis du Continent-Austral (Nouvelle-Hollande) et de la Tasmanie (Terre de Diémen), jusqu'au fétichisme des peuples moins barbares de la Polynésie, du centre de l'Afrique et de plusieurs parties de l'Asie et de l'Amérique. C'est parmi les religions comprises dans cette branche qu'on observe le plus souvent les sacrifices humains et une foule d'atrocités qui font frémir d'horreur. Plusieurs ont une espèce de prêtres ou plutôt de devins et de sorciers, qui s'appellent *griots* chez plusieurs peuples de l'Afrique, *jongleurs* chez plusieurs peuplades américaines et *schamanes* chez les peuples de la Sibérie ; cette dernière dénomination a été la cause de la singulière méprise qui a fait confondre une nuance du fétichisme avec le *samanéisme* qui est une branche de la religion de Bouddha.

Il est impossible de rien dire de positif sur le nombre de sectateurs que compte chaque religion actuellement existante sur le globe. Un zèle maladroit engage les divers partis à exagérer leur nombre, comme si Sénèque n'avait pas eu raison de dire, qu'une grande majorité est souvent l'indice d'une mauvaise cause. Les incrédules surtout, vers la fin du XVIIIe siècle, ont mis une importance ridicule à exagérer le nombre des mahométans et des païens. Le nombre de ces derniers a été aussi extraordinairement exagéré de nos jours par les missionnaires protestans dans les différens tableaux qu'ils ont publiés. Plus instruits dans leurs dogmes, que versés dans les calculs compliqués qu'exige la solution de ce problème, ces bons religieux ne se sont seulement pas doutés des difficultés qu'ils avaient à surmonter pour asseoir leurs estimations sur des bases au moins probables, sinon certaines. Les longues recherches auxquelles nous nous sommes livrés pour connaître le nombre approximatif des peuples qui parlent les différentes langues du globe, et celles que nous avons dû faire pour déterminer la population des différens états, nous ont fourni une masse de faits assez nombreux, pour que nous croyions ne pas nous éloigner beaucoup de la réalité en proposant les sommes suivantes, qui ne sont et ne peuvent être que de simples approximations :

TABLEAU STATISTIQUE

Des principales religions du globe.

			Habitans.
RELIGIONS DE LA PREMIÈRE CLASSE.			362,000,000
Le JUDAÏSME.		4,000,000	
Le CHRISTIANISME		262,000,000	
L'*Eglise Catholique*	140,000,000		
L'*Eglise Grecque* ou *Orientale* avec toutes ses branches . .	62,000,000		
Les *Eglises Protestantes* avec toutes leurs divisions . . .	60,000,000		
L'ISLAMISME avec toutes ses branches		96,000,000	
RELIGIONS DE LA SECONDE CLASSE.			270,000,000
Le BRAHMANISME		60,000,000	
Le BOUDDHISME avec toutes ses branches. . . .		170,000,000	
Les RELIGIONS de CONFUCIUS, de SINTO, de NANEK, de ZOROASTRE et le CULTE DES ESPRITS . .		40,000,000	
RELIGIONS DE LA TROISIÈME CLASSE.			107,000,000
Le SABÉÏSME, le FÉTICHISME et toutes les autres religions qui y sont comprises		107,000,000	
		TOTAL GÉNÉRAL. . .	739,000,000

FIN DES PRINCIPES GÉNÉRAUX.

TABLE SYNOPTIQUE

DES

PRINCIPAUX ARTICLES CONTENUS DANS LES PRINCIPES GÉNÉRAUX DE GÉOGRAPHIE.

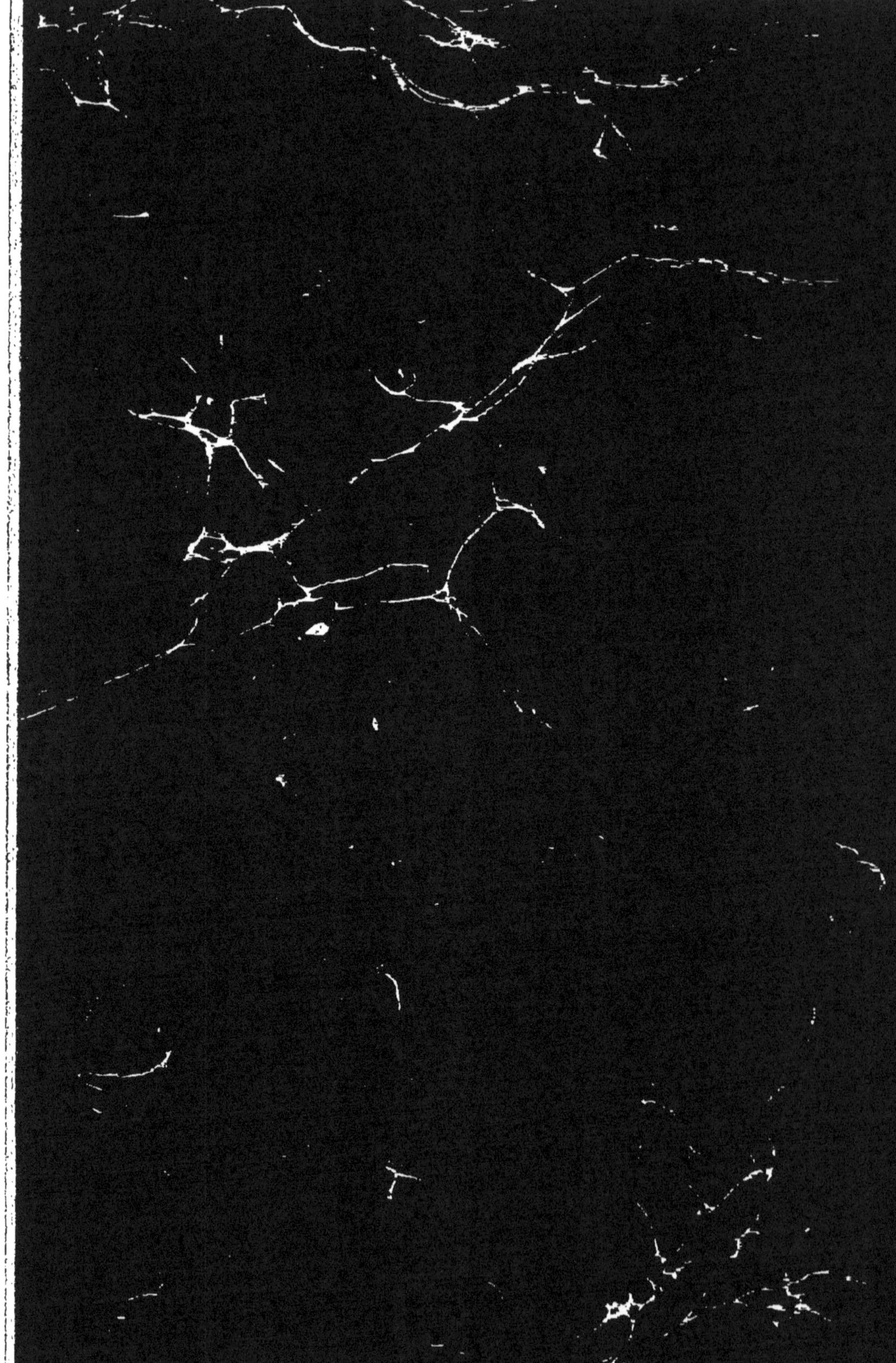

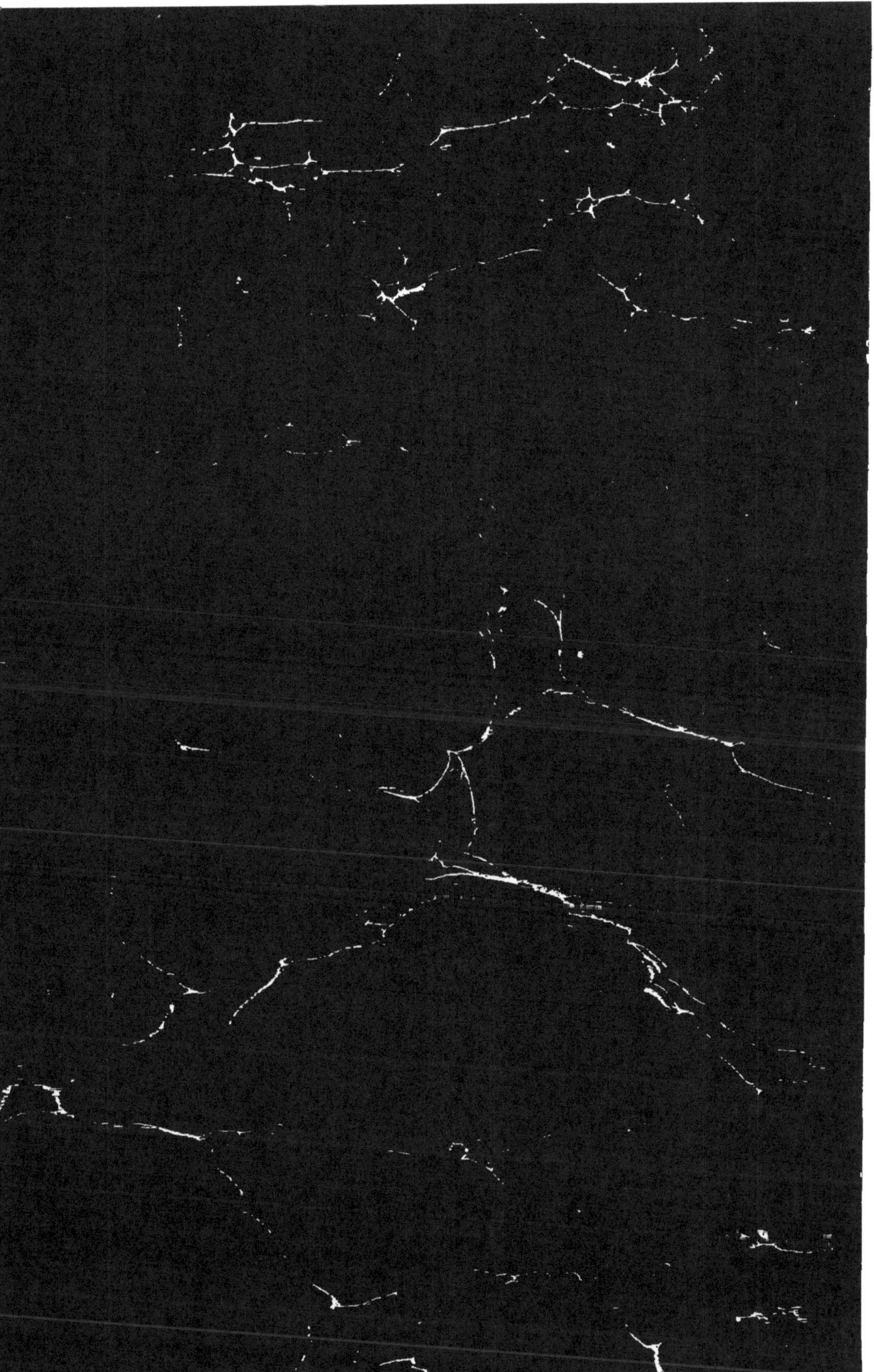

www.ingramcontent.com/pod-product-compliance
Lightning Source LLC
LaVergne TN
LVHW020437230826
846091LV00004B/1525

* 9 7 8 2 0 1 3 6 8 1 0 8 7 *